Taschenlexikon
Sicherheit der Informationstechnik
(information security)

Anglo-amerikanisch/deutsches,
deutsch/anglo-amerikanisches Taschen-Lexikon:

Sicherheit in der Datenverarbeitung
Klassisch-materielle Sicherheit
Verschlüsselungssicherheit
Übertragungssicherheit
Personelle Sicherheit
Fernmeldesicherheit

Herausgegeben von Dr. Hartmut Pohl
unter Mitarbeit von Ludger Hütte und Ursula Weiler
DATAKONTEXT-VERLAG

CIP-Titelaufnahme der Deutschen Bibliothek

Pohl, Hartmut:
Taschenlexikon Sicherheit der Informationstechnik (information security): anglo-amerikanisch/deutsches, deutsch-anglo-amerikanisches Taschen-Lexikon: Sicherheit in der Datenverarbeitung, klassisch-materielle Sicherheit, Verschlüsselungssicherheit, personelle Sicherheit, Fernmeldesicherheit / hrsg. von Hartmut Pohl.
Unter Mitarb. von Ludger Hütte u. Ursula Weiler.
Erstausg. - Köln:
Datakontext-Verl., 1989
ISBN 3-89209-000-9
NE: HST

© 1989 by DATAKONTEXT-VERLAG GmbH
Postfach 400253, D-5000 Köln 40

Ohne ausdrückliche Genehmigung des Verlages ist es nicht gestattet, das Buch oder Teile daraus in irgendeiner Form und Weise zu vervielfältigen. Lizenzausgaben sind nach Vereinbarung möglich.

Druckerei Raimund Roth, Solingen

Printed in Germany

"I don't care if it works, as long as it is secure."
M. Gasser, 1988

Vorwort

Sicherheit in der Datenverarbeitung ist ein zunehmend von der Fachwelt in Wirtschaft und Verwaltung aufgegriffenes Forschungs- und Entwicklungsgebiet; Anwender machen sich - angesichts einer Vielzahl von Fällen aus dem Bereich der Computerkriminalität - Gedanken, wie sie ihre Datenverarbeitung absichern können. Personal Computer, Textverarbeitungssysteme, Workstations, dedizierte Systeme bis hin zu Vektorrechnern und größten Time-sharing-Systemen werden sowohl durch Maßnahmen der physischen Zugangskontrolle abgesichert als auch mit programmtechnischen Maßnahmen gegen unbefugten Zugriff oder mißbräuchliche Nutzung geschützt. Ein weiteres Sicherheitsrisiko kann sich aus der Tatsache ergeben, daß die genannten Systeme der Informationstechnik (IT) gekoppelt und/oder vernetzt werden; das Spektrum reicht hier von der relativ abgeschotteten In-house-Kommunikation bis zum weltweiten Rechnerzugriff mit Hilfe spezieller Netze und öffentlicher Postdienste.

Bereits die Diskussion um das 1986 verkündete „Zweite Gesetz zur Bekämpfung der Wirtschaftskriminalität (2. WiKG)" zur Änderung des Strafgesetzbuches, u.a. mit den Tatbeständen des Ausspähens und der Manipulation von Daten sowie der Sabotage, hat eine noch stärkere Sensibilisierung für das Thema DV-Sicherheit bewirkt und auch deutlich gemacht, daß ein angemessenes Sicherheitsniveau nur mit einem Bündel von Maßnahmen zu erreichen ist. Dazu gehören als Voraussetzung rechtschaffene und vertrauenswürdige Kollegen und Mitarbeiter (personelle Sicherheit), eine Kontrolle der Zugänge zum Unternehmen (klassisch-materielle Sicherheit) und insbesondere Maßnahmen der Informationssicherheit wie Kontrolle der Nutzung von Systemen der IT und des Informationsflusses in ihnen.

Im Vergleich zu der Situation in den USA besteht derzeit im deutschsprachigen Raum noch ein Mangel an Forschungsprojekten und Entwicklungen. In Kenntnis designbedingter DV-technischer Sicherheitslücken wurden dort in den letzten zwanzig Jahren Forschung und Entwicklung vorangetrieben. Besonders wurden Beurteilungskriterien erarbeitet, die es einerseits den Herstellern ermöglichen, vertrauenswürdige (trusted) Systeme der IT zu entwickeln, und andererseits einer eigens für derartige Zwecke eingerichteten Prüf- und Zertifizierungsbehörde ermöglichen, diese Systeme zu prüfen und zu bewerten.

Auch in Deutschland wird seit einigen Jahren der Mangel an Sicherheit zunehmend sowohl von der privaten Wirtschaft als auch von der öffentlichen Hand erkannt; entsprechende Forschungs- und Entwicklungsvorhaben, die nun verstärkt betrieben werden, orientieren sich naturgemäß insbesondere an den USA, wo auch eine Fülle von praxisorientierten und wissenschaftlich grundsätzlichen Veröffentlichungen erschienen ist.

Das hier vorgelegte Taschenlexikon der Sicherheit der Informationstechnik ermöglicht denen, die im amerikanischen Sprachgebrauch dieses Spezialgebiets der Datenverarbeitung nicht erfahren sind, die spezifische Benutzung von Worten in diesem Teilgebiet und damit die Bedeutung der Begriffe besser zu erkennen und damit auch zu einem besseren Verständnis der Probleme zu finden. Häufig werden nämlich sonst umgangssprachlich benutzte Worte hier in einem sehr speziellen Sinne benutzt.

Die Verfasser berücksichtigen hier vor allem Begriffe aus dem Bereich der Sicherheit in der Datenverarbeitung (computer security); Begriffe aus angrenzenden Bereichen wie Fernmelde-, Übertragungs-, Verschlüsselungs-, personeller und klassisch-materieller Sicherheit sind zur Abrundung mit aufgeführt. Die im anglo-amerikanischen Teil formulierten Erläuterungen des Lexikons orientieren sich am wissenschaftlichen und praxisorientierten Sprachgebrauch; dabei haben die Verfasser erfolgreich mit Kürze und Kompaktheit formuliert und Erläuterungen gefunden, die manchmal schon als Definitionen angesehen werden können. Aufgeführte Querverweise sollen es dem Nutzer des Lexikons ermöglichen, übergreifende Zusammenhänge zu erkennen.

Insgesamt stellt dieses Taschenlexikon eine begrüßenswerte Initiative dar, die nicht zuletzt auch bewirken kann, daß sich Hersteller und Anwender intensiver als bisher mit der Sicherheit in der Datenverarbeitung beschäftigen und dabei erkennen, wie sich mit vergleichsweise geringem Aufwand ein für den Betrieb von Systemen der IT angemessenes Sicherheitsniveau erreichen läßt.

Professor Dr. Dieter Haupt
RWTH Aachen

Vorbemerkungen

Dieses Taschenlexikon erläutert die wichtigsten anglo-amerikanischen Begriffe aus dem Bereich der Informationssicherheit (information security) mit dem Schwerpunkt der logischen Sicherheit (computer security). Zu jedem Begriff wird weiterhin ein deutscher Begriff als Übersetzung angegeben. Zu jedem deutschen Begriff wird (ohne Erläuterung) der entsprechende anglo-amerikanische Begriff genannt. Im Anhang werden außerdem die im anglo-amerikanischen Sprachraum gebräuchlichen Abkürzungen und ihre Bedeutung aufgeführt - die allerdings im Taschenlexikon nur dann erläutert werden, wenn sie sich nicht selbst erklären.

Aus den Bereichen der personellen, klassisch-materiellen Sicherheit und dem Bereich der Kryptographie sowie aus dem Bereich des Datenschutzes werden dagegen nur die für das Verständnis des Gesamtzusammenhangs unbedingt notwendigen Begriffe genannt.

Die Verfasser bitten um Ergänzungen, Korrekturen, Diskussionsbeiträge und Anregungen zur Verbesserung des Verständnisses der Begriffe aus dem Bereich der Informationssicherheit.

Dieses Taschenlexikon wurde auf einem Textverarbeitungssystem der Digital Equipment Company (DEC) hergestellt. Unser herzlicher Dank gilt allen denen auf beiden Seiten des Atlantiks, die als Manager, Fachleute und Autoren unsere Arbeit in sachlicher und ideeller Weise so intensiv unterstützt haben - insbesondere den Herren D. Cerny und Dr. G. Weck; nicht zuletzt danken wir unseren Freunden und Bekannten für ihr Verständnis, ihre Geduld und ihre persönliche Motivierung, die sie uns so reichlich haben zuteil werden lassen.

Die Verfasser

Preface

This pocket dictionary explains the most important Anglo-American terms in the field of information security especially the field of computer security. Each Anglo-American term is translated into German. Each German term is translated into English without additional explanation. In an annex the reader will find the most popular acronyms explained. However these terms are explained in the pocket dictionary only if they are not self-explanatory.

In the fields of personnel and physical security and of the area of cryptography and of the area of privacy only those terms are mentioned that are necessary for the understanding of the general context.

The authors invite supplementary information, corrections and suggestions such as to improve a better understanding of computer security language.

This pocket dictionary was processed with a word processing system of Digital Equipment Company (DEC). The authors of this glossary were privileged to benefit from the practical support and encouragement of many managers, professional researchers and writers on both sides of the Atlantic; advice, encouragement, and practical help came at many crucial stages. For their tolerance, understanding and personal support, we owe many debts to long-suffering friends and relations - especially Mr. D. Cerny and Dr. G. Weck. To all those, who have supported our work in a substantial and constructive way, we should like to express our deeply felt gratitude.

The authors

Inhaltsverzeichnis

Teil I: Lexikon anglo-amerikanischer/deutscher Begriffe mit Erläuterungen

Teil II: Deutsche/anglo-amerikanische Begriffe

Teil III: Abkürzungen

Contents

Part I: Dictionary of Anglo-American/German terms with explanations

Part II: German/Anglo-American terms

Part III: Abbreviations

Teil I

Lexikon
anglo-amerikanischer/deutscher Begriffe
mit Erläuterungen

A

abbreviated dialing: Kurzwahl.

abuse: Mißbrauch.

ACCENT: Kernel des verteilten Betriebssystems Spice. Vorläufer des MACH.

access: Zugriff. Eine besondere Art der Interaktion zwischen einem Subjekt und einem Objekt, die einen Informationsfluß zur Folge hat. Z.B. Lesen aus bzw. Schreiben in Speicherbereiche(n). Ein Zugriff führt i. allg. zur Kenntnisnahme von Daten. Der Begriff wird auch i.S. von Zutritt/Zugang zu einem System der IT benutzt.

access attribute: Zugriffsattribut. Element der Zugriffsmatrix, das die Subjekt-Objekt-Beziehung enthält; das sind alle Operationen, die ein berechtigtes Subjekt auf einem Objekt durchführen darf; alle Zugriffsattribute sind Mitglieder einer der beiden Klassen read oder write. Z.B. append, control, create, delete, execute, modify, network, none, own, purge, security.

access authorization: Zugriffsberechtigung.

access card: Zugangskontrollausweis.

access category: Zugriffskategorie. S. category.

access control (AC): Zugriffskontrolle. Begrenzung der Rechte von Subjekten wie Benutzern und Prozessen in einem System der IT bei der Nutzung von Objekten wie Betriebsmitteln und Daten mit dem Ziel, Zugriffe auf die der berechtigten Subjekte einzuschränken und damit unberechtigte zu verhindern. Die Rechtebegrenzung erfolgt auf der Grundlage einer vereinbarten Sicherheitspolitik. Access control ist der primäre Zweck aller Sicherheitsverfahren eines Betriebssystems. Synonym mit controlled access und controlled accessibility.

access control facility 2 (ACF 2): Zugriffskontrollsoftware der Fa. Uccel Corp. Vom NCSC gem. den TCSEC mit Release 3.1 als add-on-software zertifiziert nach Klasse C2 für das Betriebssystem VM/SP 4.0 VM/SP HPO 4.2.

access control list (ACL): Zugriffsliste, Zugriffstabelle. Eine nach den Objekten geordnete Menge der Zugriffsberechtigungen der Subjekte. Spaltenweise Implementierung der access control matrix, bei der die Subjekte und die zugehörigen access attributes dem zu schützenden Objekt als Liste zugeordnet werden. Vgl. capability list.

access control matrix: Zugriffskontroll-Matrix. Synonym mit access matrix.

access control mechanism: Zugriffskontroll-Maßnahme, Zugriffskontroll-Mechanismus. Hardware, Firmware, Software oder organisatorische Maßnahmen mit dem Ziel der Verhinderung unberechtigter Zugriffe und der Gewährleistung berechtigter Zugriffe.

access control procedure: Zugriffskontroll-Routine. Die Routinen, in denen die Zugriffskontroll-Funktionen softwaremäßig realisiert sind.

access control software: Zugriffskontrollsoftware. Software zur Verwaltung und Kontrolle der Zugriffe auf Objekte. Sie kann nachträglich in ein System der IT implementiert werden.

access control system: Zugriffskontrollsystem. Der Teil eines Systems der IT, der die Zugriffskontrolle regelt, mit dem Ziel, Unberechtigten die Nutzung von Objekten wie Ressourcen, Betriebsmitteln und Daten zu verwehren und Berechtigten die Nutzung von Objekten zu ermöglichen. Der Begriff kann organisatorische Maßnahmen beinhalten.

access control table: Zugriffstabelle. Tabelle der Zugriffsrechte.

access list: Zugriffstabelle. Vgl. access control list.

access management: Zugriffsverwaltung. Gestaltung der Zugriffskontrolle. S. access control system.

access matrix: Zugriffsmatrix, Berechtigungsmatrix. Matrix, deren Zeilen die Subjekte und deren Spalten die Objekte bilden und deren Elemente die Zugriffsberechtigungen enthalten.

access matrix model: Zugriffsmatrix-Modell. Sicherheitsmodell aus der Gruppe der Zugriffsmodelle (access model), das den Sicherheitszustand eines Systems der IT in einer Matrix darstellt, in dem die Zugriffsrechte (access rights) eines jeden Subjekts auf jedes Objekt zugeordnet werden.

Z.B. Bell-LaPadula model, take-grant model, UCLA data security concept. Realisiert z.B. in MULTICS auf Honeywell Maschinen.

access mode: Zugriffsart. Operation, die ein Subjekt auf einem Objekt durchführen darf. Synonym mit access type.

access model: Zugriffsmodell. Sicherheitsmodell aus der Klasse der state-machine models, das den Sicherheitszustand (security state) eines Systems der IT durch Sicherheitsattribute (security attribute) der Subjekte und Objekte beschreibt. Die konkreten Zugriffsrechte eines Subjekts werden durch Vergleich der Sicherheitsattribute des Subjekts mit dem Objekt ermittelt; dazu kann auch eine Zugriffsmatrix (access matrix) eingesetzt werden.

access period: Zugriffszeitraum, Zugriffsintervall. Das Zeitintervall, während dessen Zugriffe gestattet werden. Z.B. Mo. - Fr. von 8.00 - 17.00 Uhr.

access permission: Zugriffserlaubnis, Zugriffsrecht. Recht eines Subjekts, auf ein Objekt in einer bestimmten Weise zuzugreifen. Die Einträge der Zugriffsattribute in der Zugriffsmatrix geben an, welche Operationen beim Zugriff erlaubt sind. Kein Eintrag oder kein Zugriff sind mögliche Zugriffsattribute. Synonym mit access right.

access privilege: Zugriffsrecht. Recht eines Subjekts auf Zugriff auf ein (bestimmtes) Objekt.

access profile: Zugriffsprofil. Eine nach Objekten geordnete Menge der Zugriffsberechtigungen eines Subjekts. Vgl. capability list.

access right: Zugriffsrecht. Das Recht eines Subjekts nach den diesem Subjekt zugeordneten access attributes auf Objekte zugreifen zu können. Weiterhin das Recht auf Änderung der eigenen Zugriffsrechte oder auf Weitergabe an Dritte.

access time: Zugriffszeit. Dauer oder Zeitpunkt eines Zugriffs eines Subjekts auf ein Objekt.

access type: Zugriffstyp. Art des Zugriffsrechts. Synonym mit access attribute.

accessibility: Zugreifbarkeit. Die Möglichkeit der berechtigten und unberechtigten Kenntnisnahme von Objekten eines Systems der IT.

accidential: Unbeabsichtigt, zufällig.

accidential damage: Unbeabsichtigter, durch Zufall verursachter Schaden.

accountability: Protokollierbarkeit, Nachvollziehbarkeit, Verantwortlichkeit. Eigenschaft eines Systems der IT, die es erlaubt, versuchte und erfolgte Zugriffe von Subjekten auf Objekte nachzuvollziehen. Dies beinhaltet die Erkennung von Verstößen oder versuchten Verstößen gegen die Sicherheitspolitik.

Speziell eine der drei Grundforderungen der computer security nach TCSEC neben policy und assurance. Dazu gehört die Identifizierung von Subjekten und die Kontrolle ihrer Aktivitäten.

accounting: Abrechnungsverfahren. Standard-Routine zur Erfassung der Nutzung von Ressourcen eines Systems der IT; Protokollierungsverfahren.

Das Verfahren kann gleichzeitig als Hilfsmittel für sicherheitsrelevante Untersuchungen benutzt werden, da es versuchte oder erfolgte Verletzungen des Sicherheitssystems erkennen läßt.

accreditation: Zulassung.

accreditation procedure: Zulassungsverfahren. Offizielles Zulassungsverfahren für ein System oder ein Teilsystem der IT zur Verarbeitung sensitiver Daten in einer bestimmten Umgebung. Das Zulassungsverfahren wird von einer beauftragten Instanz (Behörde) durchgeführt und beruht auf einer eingehenden Bewertung der Sicherheit des sicherheitsrelevanten Teils des Designs, der Konfiguration und der Implementation von Hardware, Firmware und Software sowie der Sicherheitskontrollen in den Bereichen

- verfahrenstechnische und organisatorische,
- personelle,
- klassisch-materielle und
- Fernmeldesicherheit.

Das Zulassungsverfahren besteht aus den drei folgenden Aktivitäten.

- certification durch eine authority (technische Bewertung),
- authorization (grundsätzliche Zulassung) und
- approval (Freigabe).

accreditation authority (AA): Zulassungsstelle. Eine mit der Durchführung des Zulassungsverfahrens (accreditation) beauftragte Stelle.

accreditation range: Zulassungsintervall. Qualität und Quantität der Geheimhaltungsgrade von Objekten, zu deren Verarbeitung ein System der IT von der Zulassungsstelle zugelassen ist.

Z.B. Mehrstufen-Betrieb mit Objekten des Geheimhaltungsgrades Vertraulich und Geheim oder Einstufen-Betrieb mit Objekten des Geheimhaltungsgrades Streng Geheim.

accuracy control: Richtigkeitsprüfung. Prüfung der Semantik der Daten auf Übereinstimmung mit der zugrunde liegenden Information. Vgl. aber reasonableness check.

acknowledge: Quittieren.

acknowledgement: Rückmeldung, Quittung.

acoustic security: Akustische Sicherheit. Teilbereich der klassisch-materiellen Sicherheit, der den Schutz gegen akustische Abstrahlung von Geräten und Medien sicherstellt.

Z.B. lassen sich Schallwellen mit Richtmikrofonen aufnehmen; akustische Wellen bringen Wände, Fensterscheiben u.a. zum Schwingen, diese Schwingungen lassen sich aufnehmen und interpretieren.

A

active: Aktiv. Die einem Subjekt zugeordnete Eigenschaft und Fähigkeit, (passive) Objekte zu benutzen oder zu verändern.

active card: Funktionseinheit, Token (in Scheck- oder Kreditkartengröße) mit Mikroprozessor und Speicher zur Identifizierung oder auch Authentisierung zur Aufnahme von Algorithmen, Schlüsseln und zu ihrer Verarbeitung sowie eines Ein-/Ausgabe-Interfaces zur maschinellen Lesbarkeit. Ggf. auch mit Tastatur zur Eingabe einer PIN oder display zur Ausgabe von session keys. Synonym mit chip card, intelligent token, smart card.

active line-tap: Lauschangriff. Aktiver Lauschangriff. Bewußtes Eindringen in ein System der IT zur Änderung der Objekte (Signale, Daten und Nachrichten), die verarbeitet werden. Dieser Tatbestand beinhaltet auch die Einschleusung anderer Objekte, die unberechtigte Wiederholung früher verarbeiteter Daten und Nachrichten, ihre verzögerte Verarbeitung oder Zerstörung. Vgl. passive line tap.

active threat: Aktive Bedrohung. Bedrohung (threat) durch aktive, nicht-zufällige Maßnahmen (z.B. anzapfen); dies kann eine Beeinflussung oder Veränderung der bedrohten Information beinhalten. Im Gegensatz zu passive threat.

actuate: Auslösen. Vgl. trigger.

ada verification environment (AVE): Spezifikations- und Verifikationssystem für die Programmiersprache Ada.

address: Adressieren, anwählen.

add-on security: Zustand der Systemsicherheit, der nur durch nachträglich hinzugefügte (add-on) Maßnahmen (Hardware, Firmware oder Software) erreicht wird.

Damit wird ausgedrückt, daß Sicherheitsmaßnahmen auf ein vorhandenes System aufgesetzt werden. Da add-on-Maßnahmen umgangen werden können, ist das Sicherheitsniveau des Gesamtsystems i. allg. höchstens in Teilbereichen höher als das des zugrunde liegenden Systems. Vgl. retrofitting.

adjustable: Einstellbar.

administrative security: Organisatorische Sicherheit. Die Maßnahmen aus dem Bereich der Aufbau- und Ablauforganisation. Synonym mit procedural security.

adp system security: ADV-Sicherheit. Sicherheitszustand eines Systems der IT, bei dem das Sicherheitsniveau unter dem der computer security liegt.

adp system security officer (ADPSSO): DV-Sicherheitsbeauftragter. Der für den Betrieb eines oder mehrerer Systeme der IT

A

verantwortliche Sicherheitsbeauftragte.

advance warning: Vorwarnung.

adversary: Angreifer, Widersacher.

AFFIRM: Methode der formalen Spezifikation und Verifikation und interaktives Spezifikations-/Verifikationssystem; das algebraisch spezifiziert und den Korrektheitsbeweis der gesamten erstellten Software leistet. Es ist auf Systemen DEC 10 ablauffähig und seit 1979 über das ARPA-Netz verfügbar. Entwickelt von der University of Southern California, Information Science Institute.

agent: Kommunikationspartner. Subjekt in einem Kommunikationsprozeß; Agierender.

aggregation: Aggregation. Ansammeln von Daten.

aggregation problem: Aggregierungsproblem.

1. Art: Die Möglichkeit, daß Subjekte Kenntnis über einen höher einzustufenden Datenbestand erhalten können, obwohl sie lediglich die Berechtigung für den Zugriff auf die niedriger eingestuften Einzeldaten besitzen.

Überwiegend in Datenbanken aber auch in einfachen Datensammlungen tritt das Problem auf, daß Aggregatdaten genauso (niedrig) eingestuft bleiben wie die Daten, aus denen sie gebildet werden; daher haben auch alle diejenigen Zugriff, die nur für den Geheimhaltungsgrad der gesamten Datensammlung ermächtigt sind. Die Gesamtheit der in Datensammlungen, Dateien oder Datenbanken aggregierten Daten kann daher eine höhere als die Einstufung der Einzeldaten erfordern. Vgl. cardinality aggregation problem.

2. Art: Ebenfalls überwiegend in Datenbanken und in einfachen Datensammlungen tritt das Problem auf, daß durch Kombination von Objekten einer größeren Menge dritte Objekte zur Kenntnis genommen werden können. Dies wird als inference aggregation problem bezeichnet. Vgl. inference, inference aggregation problem.

alarm: Alarm. Akustische oder visuelle Information für den Sicherheitsbeauftragten über einen möglicherweise sicherheitsrelevanten Vorfall. S. security alarm.

Lauter Alarm: Der Verursacher erfährt von dem Alarm. Stiller Alarm: Der Alarm wird so abgewickelt, daß der Verursacher ihn nicht bemerkt.

alarm blocking: Alarmblockierung.

alarm by failure: Alarm bei einer mißlungenen unberechtigten Aktion eines Subjekts.

alarm by success: Alarm bei einer erfolgreichen unberechtigten Aktion eines Subjekts.

alarm condition: Alarmzustand.

alarm delay: Alarmverzögerung.

alarm evaluation: Alarmauswertung.

alarm line: Meldelinie.

alarm locating: Alarmlokalisierung.

alarm release: Alarmauslösung.

alarm reset: Alarmrückstellung.

alarm response time: Reaktionszeit beim Alarm.

alarm signal: Alarmmeldung.

alarm threshold: Alarmschwelle, Empfindlichkeit.

alteration: Veränderung. Die inhaltliche Umgestaltung gespeicherter oder verarbeiteter Daten.

annotated ada language: Spezifikationssprache für die Programmiersprache Ada.

annual loss expectancy (ALE): Jährliche Schadenshöhe, jährliche Schadenserwartung; die aus den Angriffen auf ein System der IT resultiert (Durchschnittswert).

append: Anfügen, erweitern. Ergänzen vorhandener Objekte wie Daten und bestehender Dateien. Zugriffsattribut.

append only: Nur anfügen. Zugriffstyp der Berechtigung eines Subjekts, der auf das Anfügen von Objekten wie Daten beschränkt ist und keine explizite Lese- oder Schreibberechtigung beinhaltet.

application: Anwendung. Insbesondere die anwendungsorientierten Teile eines Systems der IT, die vereinbarungsgemäß nicht eine Sicherheitspolitik implementieren.

application confidentiality: Vertraulichkeit der Anwendungen. Zustand eines Systems der IT, in dem die Vertraulichkeit der Anwendungen insofern sichergestellt ist, als source code, object code und Dokumentation vor unberechtigter Kenntnisnahme geschützt sind.

application integrity: Integrität der Anwendungen. Zustand eines Systems der IT, in dem die Integrität der Anwendungen insofern sichergestellt ist, als source code und object code mit der entwickelten und im Zulassungsverfahren freigegebenen Version übereinstimmen bzw. nach einer - in einem festgelegten Verfahren durchgeführten - Modifizierung nach erneutem Durchlaufen des Zulassungsverfahrens freigegeben wurden, wobei nicht die Möglichkeit der zufälligen oder beabsichtigten Änderung oder Zerstörung bestand.

application process: Anwendungsprozeß. Ein nicht-vertrauenswürdiger anwendungsorientierter Prozeß.

A

approval: Freigabe. Teil des accreditation-Prozeß. Nach der grundsätzlichen Zulassung (authorization) eines Systems der IT ist die individuelle Hardware-Software-Konfiguration freizugeben.

approved circuit: Zugelassene Leitung. Physische Verbindung, leitungsgebundener Übertragungsweg, der bestimmten Sicherheitsanforderungen genügt und zur Übertragung sensitiver Objekte zugelassen ist.

arrest: Unverzügliche Beendigung eines Prozesses nach Entdeckung einer Verletzung des Sicherheitssystems.

assault: Bedrohung.

assurance: Garantie, Vertrauen; das der Funktionalität entgegengebracht wird. Das Vertrauen baut auf Prüfung der Widerstandsfähigkeit gegen Eindringversuche, Verifizierbarkeit und der Widerstandsfähigkeit gegen Überlistung und Umgehung auf; es basiert auf der Theorie inklusive der Analyse der Verfahren wie software engineering, Validierung und Verifikation sowie damit verwandter Verfahren. Die Analyse kann formaler oder informeller Art und theoretischer oder praktischer Art sein.

Im Sinne der Garantie qualitativer Anforderungen (in etwa vergleichbar der Qualitätssicherung): Eine der drei Grundforderungen der computer security nach TCSEC neben policy und accountability. Die Forderung nach assurance besagt, daß die Mechanismen zur Erfüllung der anderen beiden Grundforderungen prüfbar gegen Manipulation geschützt sind und vertrauenswürdig bleiben; das erfordert eine hinreichend einfache Struktur der zu überprüfenden sicherheitsrelevanten Teile des Systems der IT. Z.B. der TCB.

asymmetric algorithm: Asymmetrischer Algorithmus.

asymmetric key cipher: Verschlüsselungsverfahren mit (einem) öffentlich bekanntem Schlüssel (public key). Ein Verfahren, bei dem der Algorithmus und der Schlüssel zum Verschlüsseln - nicht jedoch der Schlüssel zum Entschlüsseln (secret key) - öffentlich bekannt sein kann. Z.B. RSA-Algorithmus. Synonym mit public key cipher.

asynchronous attack: Asynchroner Angriff. Kennzeichnet den Zeitpunkt eines Angriffs. Es wird eine Unterbrechung zu einem Angriff ausgenutzt, die entweder durch den Täter herbeigeführt wurde (z.B. Systemzusammenbruch) oder Verfahrens-immanent ist wie ein checkpoint.

Z.B. können in dem Zeitraum zwischen der Prüfung von Parametern und ihrer Benutzung diese verändert werden. So bei Kanalprogrammen durch Überschreiben mit eingelesenen Daten. Die

Modifikation kann auch durch einen anderen Prozeß erfolgen.

attach: Belegen.

attack: Angriff.

attempt: Versuch.

attempted break-in: Eindringversuch.

attention key: Ruftaste. Taste des Endgeräts vertrauenswürdiger Systeme, deren Betätigung eine vertrauenswürdige Verbindung zwischen Endgerät und der trusted computing base insofern garantiert, als eine Manipulation auf der Anwendungsebene wirkungslos bleibt. Dies ermöglicht ein vertrauenswürdiges log-in oder log-off und soll das Abfangen von Paßwörtern verhindern. Vorausgesetzt wird eine physikalische Verbindung zwischen den Geräten. Synonym mit break key.

audit: Revision, Überprüfung. S. security audit.

audit log: Protokoll, Revisionsaufzeichnung. Synonym mit audit trail.

audit office: Revisionabteilung.

audit trail: Protokoll. Eine chronologisch geordnete Datenmenge, die die Nutzung von Objekten (Ressourcen, Betriebsmitteln, Daten) durch Subjekte eines Systems der IT zu Beweiszwecken (Abrechnung, Sicherheitsauswertung) dokumentiert. Das Protokoll ermöglicht die Zuordnung von Aktivitäten zu Ereignissen und die Rückverfolgung von Ereignissen zu verursachenden Prozessen und Benutzern (Revision). Vgl. security audit, security audit trail.

auditibility: Protokollierbarkeit.

auditing: Protokollierung.

auditor: Revisor, Prüfer.

authentication: Authentisierung. Beglaubigung. Rechtsgültigmachen einer (behaupteten) Identität oder Nachricht z.B. mit Hilfe kryptographischer Verfahren.

So authentisiert sich ein Benutzer eines Geldautomaten nach Identifizierung mit Hilfe seiner Scheckkarte o.ä. durch Eingabe seiner Geheimzahl (PIN) (authenticator) als berechtigter Kunde. Vgl. authentification.

Auch: Absicherung einer Nachricht, eines Terminals durch data origin authentication, message authentication oder peer entity authentication.

authentication center: Authentisierungszentrale. Zentrale Notariatsfunktion.

authentication server: Funktionseinheit zur Authentifizierung, Authentisierungsdienst. In komplexen Systemen der IT (z.B. Netzen) werden bestimmte Aufgaben nicht dezentral abgewickelt, sondern (auch aus Sicherheitsgründen) in Funktionseinheiten für das gesamte System zusammengefaßt (server). Authentication server dienen der zentralisierten Authentisierung und Authentifizierung von Subjekten.

Auch: Authentisierungsdienst; mit Notariatsfunktion.

authentication token: Authentisierungseinheit. Eine Funktionseinheit, die zur Authentisierung benutzt wird.

Auch: Authentisierungsmerkmal. Ein Merkmal, das zur Authentisierung benutzt wird.

authenticator: Authentikator. Information zur Bestätigung der Echtheit einer anderen (Nutz-)Information. Der Authentikator authentisiert die (Nutz-)Information.

authenticity: Authentizität, Echtheit.

authentification: Authentifikation, Authentifizierung, Echtheitsprüfung. Prüfung und Bestätigung der Echtheit eines Subjekts oder Objekts. Bei der Zugriffskontrolle die Verifikation einer Identifikation. Z.B. nach Eingabe einer ID oder einer Scheckkarteninformation die Prüfung auf Übereinstimmung zwischen der durch die Eingabe behaupteten und der durch eine Geheimzahl, ein Paßwort oder biometrische Merkmale belegten Identität.

authority: Zuständigkeit, Entscheidungsinstanz, Instanz mit Kompetenz.

authorization:

1. Autorisierung, Berechtigungszuweisung. Erlaubnis auf der Grundlage der Zugriffsberechtigung und nach Identifizierung und Authentifizierung auf Objekte zuzugreifen.

2. Zulassung. Teil des accreditation process als grundsätzliche Zulassung vor der Freigabe (approval) eines Systems der IT.

authorization database: Berechtigungsdatei.

authorization management: Berechtigungsverwaltung.

authorization tables: Berechtigungstabellen. S. security tables.

authorized access: Berechtigter Zugriff. Vom Eigentümer der Objekte gewollter oder gemäß der security policy zugelassener Zugriff auf diese Objekte mit vom Eigentümer bzw. Sicherheitsbeauftragten eingerichteter Berechtigung.

authorized recipient: Berechtigter Empfänger.

authorized user: Berechtigter Benutzer.

autokey cipher: Verfahren zur Schlüsselgenerierung bei der Vernam cipher. U.a. werden die folgenden unterschieden.

● key autokey und

● ciphertext autokey.

automated information systems security (AISS): ADV-Sicherheit. Umgangssprachlich für information security.

automated security monitoring: Der Einsatz rechnergestützter Verfahren zur Verhinderung der Umgehung oder Durchdringung des implementierten Sicherheitssystems eines Systems der IT.

automated teller machine (ATM): Geldautomat.

automated tiger team: Automatisches Penetrationsverfahren. Rechnergestütztes Verfahren (Expertensystem) zur Auffindung möglicher Ziele, Strategien und Taktiken für Angriffe auf das Sicherheitssystem von Systemen der IT.

availability: Verfügbarkeit. Gem. DIN 40042 die Wahrscheinlichkeit, ein System zu einem vorgegebenen Zeitpunkt in einem funktionsfähigen Zustand anzutreffen.

awareness: Sensibilisierung, Bewußtsein.

B

backbone net: Übergeordnetes Netz zur Kopplung von nachgeordneten Netzen. Z.B. Netz zur Kopplung von LAN's an ein Grundnetz.

background investigation: Hintergrund-Untersuchung. Teil des Überprüfungsverfahrens im Hinblick auf eine Ermächtigung eines Subjekts.

back door: Hintertür. System entry, der nur dem berechtigten Systemprogrammierer bekannt sein sollte; aber von einem unberechtigten Dritten entdeckt worden ist.

back-up: Reservehaltung, Ausweichlösung. Auch: Sicherungskopie.

back-up procedure: Datensicherungsverfahren. Vorkehrungen zur Reservehaltung; alle Sicherungsvorkehrungen, die die Restaurierung sowohl von Dateien und Programmbibliotheken als auch von Systemzuständen nach ungewöhnlichen Ereignissen ermöglichen.

So kann durch Kopieren des aktuellen Systemzustands - inklusive der Dateien und den zugehörigen Nachträgen - sichergestellt werden, daß nach einem - evtl. auch bewußt herbeigeführten - Systemfehler oder Systemzusammenbruch das System auf einem (möglichst) aktuellen Stand wieder hochgefahren werden kann.

badge: Kennkarte.

bagbiter: Schludrig oder sogar fehlerhaft arbeitender Programmierer von unzuverlässigen oder sogar fehlerhaften Programmen

(Software oder programmgesteuerte Hardware), die damit für Angriffe ausnutzbare Schwachstellen aufweisen (hacker slang).

bandwidth: Bandbreite. Frequenzbereich eines Übertragungskanals. Zahlenmäßig in etwa gleich der halben Übertragungsgeschwindigkeit.

baseline: Referenzversion. Geprüfte Programmversion, mit der Laufversionen zu Revisionszwecken verglichen werden können. Die Referenzversion darf nur in einem festgelegten organisatorischen Verfahren benutzt oder modifiziert werden.

Auch: Die Spezifikation der Anforderungen hinsichtlich Funktionalität und Garantie der computer security eines Systems, gegen die die Implementierung des Systems geprüft wird.

batch totals: Batch-job-Zähler. Es wird die Zahl der von der Arbeitsvorbereitung eingebrachten jobs verglichen mit der Zahl der verarbeiteten, um die Tatsache unerkannt eingebrachter jobs zu erkennen.

baud rate: Übertragungsgeschwindigkeit.

belief: Überzeugung. Bei der Aufnahme der Kommunikation in einem System der IT, in einem Stadium, in dem erst eine gegenseitige Identifizierung und noch keine Authentisierung und Authentifizierung stattgefunden hat, kommunizieren die Partner allein auf der Grundlage der „Überzeugung", daß sie einander vertrauen (trust) können; erst nach der Authentifizierung und Authentisierung ist das für die Informationsverarbeitung notwendige Vertrauen (trust) vorhanden. Vertrauen kann als nachgewiesene Überzeugung bezeichnet werden; insofern ist Überzeugung als Vorstufe von Vertrauen anzusehen. Vgl. trust.

Bell-LaPadula model: Sicherheitsmodell aus der Menge der Zugriffsmatrizenmodelle (access matrix models), das eine Menge von Zugriffskontroll-Regeln beschreibt.

In diesem formalen Modell der finite-state models wird ein System der IT in abstrakte Mengen von Subjekten und Objekten eingeteilt. Der Begriff eines sicheren Zustands wird definiert und es wird nachgewiesen, daß bei jeder Zustandsänderung von einem Sicherheitszustand zu einem anderen die Sicherheit erhalten bleibt, wenn die Regeln des Modells eingehalten werden. So wird induktiv nachgewiesen, daß das Gesamtsystem sicher ist. Ein Systemzustand wird als „sicher" bezeichnet, wenn die erlaubten Arten von Zugriffen von Subjekten auf Objekte mit einer spezifischen Sicherheitspolitik übereinstimmen. Um über die Zulassung einer bestimmten Zugriffsart entscheiden zu können, wird die Ermächtigung eines Subjekts mit der Sensitivität (Geheimhaltungsgrad und Kategorie) des Objekts verglichen und eine Entscheidung gefällt, ob dieses Subjekt zu diesem Zugriff autorisiert werden soll. Das Ermächtigungs-/Einstufungsschema wird als mathematischer Verband dargestellt. Das Modell kann durch die beiden folgenden Axiome gekennzeichnet werden.

1. Ein Subjekt darf nur Objekte lesen, wenn die Ermächtigung (des Subjekts) den Geheimhaltungsgrad (des Objekts) dominiert (simple security property).
2. Ein Subjekt darf nur Objekte schreiben, deren Geheimhaltungsgrad (des Objekts) die Ermächtigung (des Subjekts) dominiert (star-property); write-up - nicht write-down.

Die Sicherheitspolitik dieses Modells zielt allein auf confidentiality (Vermeidung der unberechtigten Kenntnisnahme) und stellt nicht auf die Vermeidung von integrity-Problemen ab.

Feiertag u.a. haben das Modell neu definiert mit den folgenden Axiomen: Tranquility principle, non-accessibility of inactive objects, rewriting of inactive objects.

Dieses Modell oder Modifizierungen davon liegen den folgenden Produkten zugrunde: MULTICS, KSOS, SCOMP, KVM/370.

S. lattice, multilevel security, simple security property, star-property.

benign: Gutartig.

benign environment: Gutartige Umgebung. Umgebung ohne Fehler und Sicherheitsprobleme - auch im personellen Bereich. Diese Umgebung ist gegen fremde, feindliche Subjekte durch klassisch-materielle, personelle und organisatorische Sicherheitsmaßnahmen abgesichert.

between-lines entry: Nutzung der Zugriffsberechtigung eines vorübergehend inaktiven, berechtigten Subjekts durch einen unberechtigten Benutzer.

Verläßt z.B. ein Benutzer nach der ordnungsgemäßen Identifizierung und Authentifizierung den Raum, so gibt er damit einem Dritten die Möglichkeit der unberechtigten Nutzung von Objekten (Kenntnisnahme von Daten).

Biba integrity model: S. integrity security model.

billing: Abrechnung.

biometrical: Biometrisch.

biometrical control procedure: Biometrisches Kontrollverfahren. Es werden die folgenden unterschieden.

● body temperature identification - Erkennung der Körpertemperatur,

B

- fingerprint identification - Fingerabdruck-Erkennung,
- hand geometry identification - Erkennung der Hand-Form,
- handprint identification - Handabdruck-Erkennung,
- pulse identification - Puls-Erkennung,
- retina identification - Erkennung des Retina-Musters,
- signature dynamics identification - Erkennung der Unterschriftsdynamik,
- signature identification - Unterschriftserkennung,
- speech identification - Spracherkennung.

bitnapping: Unberechtigte Kenntnisnahme von Daten. Auch: Erpresserische Unterschlagung von Daten.

bit-by-bit encipherment: Bitweise Verschlüsselung.

blind copy: Blind-Kopie. Kopie, bei der die Umgebung des Originals nicht bekannt ist.

blob: Ein Programm, das sich selbst in Abhängigkeit von seinem Bedarf an Betriebsmitteln und der Verfügbarkeit freier Betriebsmittel zur Abwicklung seiner Aufgaben in gekoppelte Einheiten berechtigt kopiert; dabei berücksichtigt das Programm noch abzuarbeitende Teil-Aufgaben und zieht sich bei sinkendem Betriebsmittel-Angebot aus diesen Einheiten geordnet zurück unter Mitnahme der erzielten Ergebnisse.

Gekoppelte Einheiten können dabei Prozessoren eines Mehr-Prozessorsystems oder angekoppelte Zentraleinheiten oder DV-Systeme eines Systems der IT eines oder mehrerer Netze sein. Synonym mit vampir program.

Das Verfahren kann mißbräuchlich benutzt werden, um Systeme der IT lahmzulegen (denial of service) in dem es Ressourcen vollständig absorbiert (z.B. Speicherbereiche, CPU-Zeit) und sich nicht geordnet zurückzieht.

block chaining: Blockverkettung. Ein spezielles Verfahren der blockweisen Verschlüsselung (Blockchiffrierung), bei dem eine Abhängigkeit des Folgeblockes von seinem Vorgänger besteht.

block cipher: Blockverschlüsselung. Verschlüsselungsverfahren mit Anwendung eines Verschlüsselungsalgorithmus auf Zeichenketten gleicher Länge (Block). Oftmals ist die Schlüssellänge gleich der Blocklänge.

block encipherment: S. block cipher.

block mode: Synonym mit code book. Im Gegensatz zu chaining mode.

blocking: Blockade. Synonym mit deadlock.

blunder: Schnitzer.

bound to data secrecy: Auf das Datengeheimnis verpflichtet.

bounds checking: Überprüfen der Speichergrenzen. Überprüfen, ob der Zugriff innerhalb berechtigter Speichergrenzen erfolgt. Synonym mit memory bounds checking.

bounds register: Hardware-Register, das die untere und obere Speichergrenze enthält, die einem Prozeß zur Benutzung zugewiesen wurde.

Boyer-Moore theorem proover: Verifikationsverfahren nach Boyer-Moore; entwickelt von SRI.

breach: Sicherheitsverletzung. Absichtliche und erfolgreiche Verletzung der Sicherheitsmaßnahmen zum Zweck des Eindringens in ein System der IT.

break key: Ruftaste. Taste des Endgeräts vertrauenswürdiger Systeme, deren Betätigung eine vertrauenswürdige Verbindung zwischen Endgerät und der trusted computing base insofern garantiert, als eine Manipulation auf der Anwendungsebene wirkungslos bleibt. Dies ermöglicht ein vertrauenswürdiges log-in oder log-off und soll das Abfangen von Paßwörtern verhindern. Vorausgesetzt wird eine physikalische Verbindung zwischen den Geräten. Synonym mit attention key.

break-in: Eindringen, erfolgreicher Angriff.

break-in attempt: Eindringversuch.

breakdown: Ausfall, Systemabsturz, Systemzusammenbruch.

breaking a cipher: Brechen, Knacken einer Chiffre mit Hilfe kryptoanalytischer Methoden.

breaking cryptographic code: Brechen, Knacken einer Chiffre mit Hilfe kryptoanalytischer Methoden. Synonym mit breaking a cipher.

bridge: Netzübergang; zwischen zwei homogenen Netzen. S. secure bridge. Im Gegensatz zu gateway.

browsing: Ausforschen. Unberechtigtes und verdecktes Durchforschen von Dateien und Speichern eines Systems der IT nach Daten (auch Daten-Resten z.B. nach paging), ohne daß der semantische Inhalt oder das Format der Daten bekannt sein muß. Weitergehende kriminelle Aktivitäten bis hin zur Datenmanipulation bleiben unberührt.

bug: Fehler. Insbesondere der Programmierfehler und der Designfehler.

bulk encryption: Massenverschlüsselung. Verschlüsselung aller auf einem Kanal parallel (multiplex) übertragenen Nachrichten.

by-pass: Umgehung, Überbrückung, Umleitung. Auch benutzt im Sinne von Ausschalten von z.B. Sicherheitsfunktionen.

by-pass mode: Insbesondere im Bereich der Verschlüsselung eine Betriebsart, bei der der Klartext unverschlüsselt durch das Schlüsselgerät läuft.

C

cable shielding: Kabelabschirmung. Vgl. shielding.

call back: Rückruf; zum Zweck der Authentifizierung des rufenden Subjekts, bei dem dieses abgehängt und vom gerufenen Objekt neu angewählt wird. Vgl. port protection device.

camouflage: Verschleierung. Synonym mit scrambling.

capability: Zugriffsrecht, Befugnis. Eine geschützte Marke, die sowohl die Objekte identifiziert auf die ein Subjekt Zugriff hat, als auch den access type festgelegt, der auf diesen Objekten erlaubt ist. Zugriffsrechte sind die einem Subjekt gegebenen Rechte, auf eine definierte Menge von Objekten in definierter Weise (access type) zuzugreifen zu dürfen; sie haben zwei grundlegende Eigenschaften:

- Zugriffsrechte können von dem zugehörigen Subjekt an ein anderes weitergegeben werden.
- Zugriffsrechte können von dem zugehörigen Subjekt nicht geändert oder neu erstellt werden, ohne daß die vertrauenswürdige Rechenbasis des Betriebssystems beteiligt wird.

Auch die vollständige Menge der Zugriffsrechte eines Subjekts: Zugriffsprofil.

capability list: Zugriffsliste, Zugriffstabelle. Eine nach den Subjekten geordnete Menge der Zugriffsberechtigungen auf Objekte. Zeilenweise Implementierung der access control matrix, bei der die Objekte und die zugehörigen access attributes dem Subjekt zugeordnet werden. Vgl. access control list.

capability machine: Synonym mit object-oriented architecture.

captive account: Eingeschränkter Zugriff. Zugriffsbeschränkung des Benutzers auf bestimmte Kommandos und Prozeduren. Synonym mit tied account, turnkey account.

carder: Kreditkarten-Betrüger.

cardinality aggregation problem: Überwiegend in Datenbanken aber auch in einfachen Datensammlungen tritt das Problem auf, daß Aggregatdaten genauso (niedrig) eingestuft bleiben wie die Daten, aus denen sie gebildet werden; daher haben auch alle diejenigen Zugriff, die nur für den (niedrigeren) Geheimhaltungsgrad der gesamten Datensammlung ermächtigt sind.

Vgl. aggregation problem und inference; vgl. aber false aggregation problem.

cascading problem: Kaskaden-Problem. Die Möglichkeit der unberechtigten Kenntnisnahme von Objekten (unauthorized disclosure) aus einem Netzwerk (von Systemen der IT), das insgesamt für ein größeres Intervall von Geheimhaltungsgraden und Kategorien freigegeben ist als jedes einzelne (vernetzte) System der IT, aus dem unberechtigt Objekte zur Kenntnis genommen werden könnten.

Z.B. würden bei einem Angriff auf einem ersten für streng-geheim- und geheim-Verarbeitung zugelassenen System der IT streng-geheim eingestufte Daten zu geheim eingestuften unberechtigt herabgestuft; anschließend diese (nunmehr) geheimen Daten über das Netzwerk auf einem zweiten zur geheim- und vertraulich-Verarbeitung freigegebenen System der IT unberechtigt von geheim zu vertraulich herabgestuft und - dank der Ermächtigung des Angreifers bis vertraulich - zur Kenntnis genommen werden können.

Die Schwachstelle liegt in der Freigabe vergleichsweise schwach abgesicherter - aber vernetzter - Systeme der IT für die Verarbeitung von zwei aufeinanderfolgenden Geheimhaltungsgraden. Ein einziges System der IT würde für die Verarbeitung dreier aufeinanderfolgender Geheimhaltungsgrade nur bei vergleichsweise stärkerer Absicherung freigegeben.

Die TNI geben zwei Verfahren zur Erkennung von Kaskaden-Problemen an; mindestens mit einem der Verfahren lassen sich mögliche Kaskaden-Probleme zuverlässig erkennen.

Nicht in allen Fällen ist allerdings die Verwendung von für höhere Klassen nach den TCSEC klassifizierten Systemen der IT im Netzwerk eine hinreichende Maßnahme gegen ein erkanntes Kaskaden-Problem.

case law: Präzedenzrecht. Im Gegensatz zu statute law.

category: Kategorie. Nicht-hierarchischer Einstufungsgrad sensitiver Objekte. Subjekte müssen ermächtigt sein, auf eine Kategorie zugreifen zu dürfen und Objekte müssen in eine Kategorie eingestuft sein.

Kategorien im militärischen Bereich sind z.B. atomal, crypto, NATO; im nicht-militärischen Bereich z.B. accounting, payroll, personnel. Vgl. compartment, security level.

caution statement: Klassisch-materielle Maßnahme der Output-Markierung, die den höchsten Geheimhaltungsgrad während des Verarbeitungsprozesses kennzeichnet.

certificate: Zertifikat, zertifizieren.

certification: Zertifizierung. Sicherheitsprüfung, technische Bewertung der Sicherheitsmaßnahmen eines Systems oder eines Teilsystems der IT zur Verarbeitung sensitiver Objekte durch eine offizielle Instanz (z.B. Behörde) unter dem Aspekt der Erfüllung festgelegter Sicherheitsanforderungen hinsichtlich Design und Implementierung; die Bewertung wird im Hinblick auf eine accreditation durchgeführt.

Derartige Sicherheitsanforderungen sind z.B. vom NCSC in den TCSEC formuliert.

certification authority (CA): Vertrauenswürdige Institution zur Verwaltung von Schlüsseln.

chaining mode: Blockweise Verschlüsselungsmethode. Bei der Verschlüsselung der Klartext-Blöcke werden weitere Informationen (wie z.B. der vorangegangene Block) mitberücksichtigt. Es werden cipher block chaining und cipher feedback unterschieden. Im Gegensatz zu block mode.

challenge response: Frage-Antwort-Verfahren; zur Identifizierung oder Authentifizierung auf Anforderung.

change: Änderung.

channel: Kanal. Eine Funktionseinheit, die dem Transport und der Übergabe von Nachrichten oder Daten zwischen Instanzen dient.

Chaos Computer Club (CCC): Vereinigung von Hackern (und Crackern) in Deutschland mit Sitz in Hamburg.

chat: Kommunikation. „Geplauder" der Computer-Freaks mit Hilfe von Systemen der IT.

check: Probe, Prüfung.

chip card: Funktionseinheit, Token (in Scheck- oder Kreditkartengröße) mit Mikroprozessor und Speicher zur Identifizierung oder auch Authentisierung zur Aufnahme von Algorithmen, Schlüsseln und zu ihrer Verarbeitung sowie eines Ein-/Ausgabe-Interfaces zur maschinellen Lesbarkeit. Ggf. auch mit Tastatur zur Eingabe einer PIN.

chosen-plaintext attack: Angriffsverfahren auf ein Verschlüsselungsverfahren, bei dem einige Klartext-Elemente sowie die zugehörigen Schlüsseltext-Elemente dem Angreifer bekannt sind.

Der Klartext kann also auch vom Angreifer vorgegeben und der zugehörige Schlüsseltext ermittelt werden.

cipher: S. cipher system.

cipher block chaining (CBC): Verschlüsselungsverfahren des chaining mode, das bei der Verschlüsselung eines Blocks den Schlüsseltext des vorangegangenen Blocks mitberücksichtigt.

cipher block system: Ein Verschlüsselungsverfahren, bei dem der Klartext in Blöcken gleicher Länge verschlüsselt wird.

cipher feedback (CFB): Verschlüsselungsverfahren des chaining mode, das bei der Verschlüsselung eines Blocks zusätzlich Information aus demselben Block mitberücksichtigt.

cipher mode: Verschlüsselungszustand. Betriebszustand eines Verschlüsselungsgeräts, in dem die Nachrichten verschlüsselt übertragen werden.

cipher system: Verschlüsselungsverfahren; das auf einen Klartext (clear text, plaintext) symbolweise einen Verschlüsselungsalgorithmus (cryptographic algorithm) und mindestens einen geheimen Schlüssel (cryptographic key) anwendet und dabei einen Schlüsseltext (cipher text) generiert - und umgekehrt; im Gegensatz zu code system.

cipher text: Schlüsseltext. Ausgabe, Ergebnis eines auf einen Klartext (clear text, plaintext) angewandten Verschlüsselungsalgorithmus (encryption algorithm).

ciphertext autokey (CTAK): Verfahren zur Schlüsselgenerierung der autokey cipher, bei dem der Schlüsselstrom vom Schlüsseltext abhängt; der Schlüsseltext wird zur Schlüsselstrom-Generierung benutzt.

ciphertext only attack: Angriffsverfahren auf ein Verschlüsselungsverfahren, bei dem dem Angreifer statistische Eigenschaften der Klartext-Sprache wie die Buchstaben-Häufigkeit oder „wahrscheinliche" Worte bekannt sind - nicht jedoch der Klartext selbst.

circuit switching: Leitungsvermittlung.

circumvention: Überlistung, Verhinderung, Vereitelung.

civil law: Privatrecht.

clandestine: Heimlich, verborgen.

Clark-Wilson integrity model: Ein Sicherheitsmodell zur Verarbeitung korrekter Daten in kommerziellen Anwendungsumgebungen.

Im Gegensatz zu anderen Modellen wendet sich dieses in erster Linie an Anwendungssysteme - kann aber auch auf Betriebssysteme angewandt werden. Es stellt die Integrität der Datenverarbeitung sicher und schützt damit vor unberechtigter Veränderung von

C

Daten (Sabotage) - im Gegensatz zu anderen Modellen, die die secrecy der Datenverarbeitung sicherstellen und damit vor unberechtigter Kenntnisnahme (Spionage) schützen. Die Regeln des Modells können wie folgt zusammengefaßt werden.

Realisierungsregeln (enforcement rules):

E1: Benutzer greifen auf vertrauenswürdige Daten nur über vertrauenswürdige Prozesse zu (encapsulation).
E2: Nur explizit berechtigte Benutzer führen Operationen durch (authorization).
E3: Identifizierte Benutzer müssen authentifiziert werden (authentication).
E4: Berechtigungen werden nur von einem Sicherheitsbeauftragten zugewiesen (mandatory controls).

Zertifizierungsregeln (certification rules):

C1: Vertrauenswürdige Daten müssen verifiziert werden (data validation).
C2: Es werden nur vertrauenswürdige Prozesse zugelassen (consistent transformation).
C3: Das System unterstützt die Benutzertrennung (separation of privilege, allocation of least privilege).
C4: Alle Aktivitäten werden protokolliert (complete nontamperable audit).
C5: Eingabedaten werden validiert (input validation).

class: Klasse. Teil einer division der TCSEC.

classification: Einstufung; in einen Geheimhaltungsgrad und/oder eine Kategorie; Objekt-bezogen.

classified information: Eingestufte Information. In Geheimhaltungsstufen und Kategorien eingestufte sensitive Daten.

clear mode: Klarlage. Betriebszustand eines Verschlüsselungsgeräts, in dem die Nachrichten unverschlüsselt übertragen werden.

clear text: Klartext. Eine Nachricht, die in unverschlüsselter Form vorliegt. Eingabe für einen Verschlüsselungsalgorithmus. Synonym mit plaintext.

clearance: Ermächtigung. Ausgesprochene Ermächtigung eines Subjekts zur Kenntnisnahme und Verarbeitung von bestimmten Objekten eines oder mehrerer Geheimhaltungsgrade und/oder Kategorien; die Ermächtigung wird nach Prüfung durch eine offizielle Instanz (z.B. Behörde) ausgesprochen. Begriff aus dem Bereich der personellen Sicherheit.

closed security environment: Geschlossener Sicherheitsbereich. Dazu werden Maßnahmen aus dem Bereich der personellen und klassisch-materiellen Sicherheit eingesetzt. Vgl. hostile environment, neutral environment, open security environment. Insbesondere müssen zwei Bedingungen erfüllt sein.

- Dem Einstufungsgrad der verarbeiteten Daten entsprechende Ermächtigung der Benutzer und Anwender.
- Kontrolle der Hardware-/Software-Konfiguration einschließlich review und Freigabe der Änderungen.

Vgl. open security environment.

closed shop: Geschlossener Betrieb. Organisatorisch, personell und klassisch-materiell abgeschotteter Verarbeitungsbereich. Vgl. control zone.

closed user group: Geschlossene Benutzergruppe. Die Benutzer dieser Gruppe sind zur Kommunikation untereinander und ggf. zum Zugriff auf dieselben Daten berechtigt; andere - dieser Gruppe nicht angehörende Benutzer - sind von der Kommunikation mit der Gruppe und vom Zugriff auf deren Daten ausgeschlossen.

code: S. code system. Umgangssprachlich auch der Programmtext.

code book: Codebuch. Ein Verzeichnis der als Substituent und Substitut vereinbarten Wortpaare. Begriff aus der Kryptographie.

code proof: Programmbeweis. Mathematischer Nachweis der Übereinstimmung der formalen Spezifikation mit der Implementierung des Programmcodes unter Einsatz von Verifikationswerkzeugen.

code system: Codesystem. Eine Vorschrift für die eindeutige Zuordnung (Codierung) der Zeichen eines Zeichenvorrats zu denjenigen eines anderen Zeichenvorrats (Bildmenge). Eine Verschlüsselungsmethode, die mit Hilfe einer „Codetabelle" oder einem „Codebuch" arbeitet; im Gegensatz zu cipher system.

cold stand-by: Zustand, in dem ein leerer Raum (Gebäude) zur Aufnahme von Systemen der IT für den Katastrophenfall bereitsteht. Auch: Einsatz eines Systems der IT, das erst im Bedarfsfall eingeschaltet wird. Auch: Inaktive oder anderweitig genutzte Systeme der IT, die bei Ausfall des aktiven Systems genutzt werden.

collusion: Geheimes Einverständnis.

com mode: Spiegelverfahren. Durch Manipulation des Drivers oder Servers erscheinen die Eingaben auf einem Terminal auch auf den Bildschirmen der unberechtigt logisch angekoppelten anderen Terminals. (hacker slang).

C

comm mode: S. com mode.

commercial product evaluation procedure: Kommerzielles Bewertungsverfahren des National Computer Security Centers (NCSC). Formelles Bewertungsverfahren mit Hilfe des commercial product evaluation test. Es besteht aus den folgenden drei Teilverfahren.

- preliminary product evaluation: Vorläufiges Bewertungsverfahren; ein informeller Prozeß, in dem mit dem Hersteller technische Informationen ausgetauscht werden sowohl über das zu bewertende System der IT als auch über das Bewertungsverfahren und eine Abschätzung des erreichbaren Bewertungsergebnisses.
- formal product evaluation: Formelles Bewertungsverfahren. Abschließendes Bewertungsverfahren auf der Grundlage der TCSEC mit Klassifizierung des Systems der IT gemäß den TCSEC.
- evaluated product list (EPL): Das System wird mit der Klassifizierung in diese Liste aufgenommen. Die Aufnahme ist als Zulassung (authorization) für die Verarbeitung schutzwürdiger Daten anzusehen; allerdings beinhaltet dies keine Empfehlung oder gar Zulassung für eine bestimmte Betriebsart oder einen maximalen Geheimhaltungsgrad der verarbeiteten Daten.

commercial product evaluation test: Kommerzielle Bewertungsprüfung. Verfahren des NCSC zur Prüfung und Bewertung von am Markt erhältlichen Systemen der IT an Hand der TCSEC. Teil der commercial product evaluation procedure.

communication channel: Kommunikationskanal. Funktionseinheit zur Übertragung von Information zwischen Teilen eines Systems der IT.

communication control: Transportkontrolle. Überwachung von Daten und Datenträgern bei Übermittlungs- und Transportvorgängen.

communication link: Kommunikationsverbindung. Physische Verbindung zwischen Teilen eines Systems der IT zur Übertragung von Daten.

communication security (COMSEC): Fernmeldesicherheit. Teilbereich der information security. Systemzustand, in dem die unberechtigte Kenntnisnahme von Objekten beim Fernmeldebetrieb durch geeignete Maßnahmen verhindert und die Datenintegrität während der Übertragung sichergestellt ist.

Dies setzt neben Maßnahmen personeller und klassisch-materieller Art insbesondere die beiden folgenden voraus.

- emanation security (EMSEC) - Abstrahlsicherheit und
- transmission security (TRANSEC) - Übertragungssicherheit (klassisch-materielle Maßnahmen zur Absicherung des Übertragungswegs und Verschlüsselungssicherheit).

communication encryption: Übertragungsverschlüsselung.

communication field integrity: Kommunikations-Feld-Integrität. Zustand, bei dem die Integrität der zur Übertragung benutzten Datenfelder sichergestellt wird.

communication integrity: Kommunikations-Integrität. Systemzustand eines Systems der IT zum Zweck der Datenübertragung, bei dem die Verfügbarkeit des Systems, die Korrektheit der übertragenen Objekte (Daten) und der Schutz der Objekte vor unberechtigter Kenntnisnahme durch Subjekte sichergestellt ist. Ein network security service der TNI.

Ein spezieller network security service der TNI bestehend aus authentication, communications field integrity und non-repudiation.

compartment: Abgeschlossener Bereich. Logischer Bereich, in dem sensitive oder sogar in einen Geheimhaltungsgrad oder eine Kategorie eingestufte Objekte gegenüber anderen Objekten abgeschottet sind mit dem Ziel der Verhinderung von unberechtigten Zugriffen (nicht ermächtigter Subjekte). Dabei werden auch die Subjekte gegeneinander abgeschottet.

Der Begriff wird auch benutzt für nicht-hierarchische Einstufungsgrade; vgl. category.

compartmentalization: Abschottung; mit dem Ziel der Minderung des Risikos der unberechtigten Kenntnisnahme.

1. Abschottung von Subjekten und Objekten wie Ressourcen, Betriebsmitteln, Prozessen und Daten gegeneinander.
2. Die Aufteilung einer Menge von Daten in kleine isolierbare Untermengen.

compartmentation: Abschottung. Synonym mit compartmentalization.

compartmented: Abgegrenzt, abgeschottet.

compartmented information: Nach dem Need-to-know-Prinzip abgegrenzte Informationsmenge; sie erfordert eine besondere Zugriffsermächtigung und wird nur im Rahmen der Betriebsart compartmented security mode bereitgestellt.

compartmented security mode: Betriebsart eines Systems der IT in der zwei oder mehr Grade von compartmented information oder ein einziger Grad von compartmented information zusammen mit anderen Daten verarbeitet wird. Eine entsprechende Ermächtigung der Benutzer muß vorhanden sein. Die Sicherheitsmaßnahmen entsprechen einem Mindestniveau.

compartmented mode workstation (CMW): Workstation, die im compartmented security mode betrieben wird.

compiler virus: Virus in einem Compiler, der jedes kompilierte Programm - sich selbst modifizierend - infizieren kann. S. virus und contamination.

completeness: Vollständigkeit. Sicherheitszustand, in dem alle Sicherheitslücken gemäß den Spezifikationen durch entsprechende Sicherheitsmaßnahmen geschlossen sind.

Auch Anforderung an Sicherheitsmaßnahmen; diese müssen hinsichtlich ihrer Funktion vollständig spezifiziert sein und dürfen nicht mehr und nicht weniger als diese Spezifikationen erfüllen.

completeness checker: Vollständigkeitsprüfung.

component: Komponente. Eine Menge von Funktionen - meist in einem Gerät mit Hardware, Firmware und Software zusammengefaßt - zur Abwicklung einer festumrissenen Aufgabe eines Systems der IT. Eine Komponente kann wiederum aus Unter- oder Teil-Komponenten bestehen.

Z.B. gateways, bridges, guards, reference monitor.

component reference monitor: Komponenten-Referenzmonitor.
Ein auf einer abstrakten Maschine basierendes Zugriffskontrollkonzept, das alle Zugriffe von Subjekten innerhalb der Komponente kontrolliert.

compose: Zusammensetzen. Im Sinne des Zusammensetzens vertrauenswürdiger Teilsysteme zu einem Ganzen.

compromise: Bloßstellung; von Objekten (Daten) durch eine Umgehung oder Durchdringung des Sicherheitssystems eines Systems der IT durch unberechtigte Kenntnisnahme (Offenlegung, Veränderung, Löschung oder auch Zerstörung) von Objekten (Daten) ggf. auch unbeabsichtigt.

compromise protection: Schutz vor Preisgabe, Schutz vor Bloßstellung. Ein spezieller network security service der TNI bestehend aus data confidentiality, traffic flow confidentiality und selective routing.

compromising emanation: Bloßstellende Abstrahlung. S. emanation.

computational secure: Praktisch sicher. Synonym mit practical secure.

computer abuse: Computer-Mißbrauch: Oberbegriff für jegliche unberechtigte Nutzung eines Systems der IT - wie Sabotage, physische Zerstörung auch von Teilen - Zerstörung und Manipulation von Objekten wie Daten, Diebstahl von Daten und Betriebsmitteln wie z.B. Rechenzeit (Zeitdiebstahl), unberechtigte Kenntnisnahme von Daten und Programmdiebstahl.

Computer Artists Cologne (CAC): Kölner Vereinigung von Hackern (Crackern und crashern).

computer crime: Computerkriminalität. Straftatbestände, bei denen Systeme oder Teile von Systemen der IT Angriffsobjekt oder Angriffsinstrument sind. Teilbereich der Wirtschaftskriminalität. S. 2. WiKG.

computer espionage: Computer-Spionage. Erfolgreicher intelligenter Angriff auf ein System der IT und Ausspähen von sensitiven oder wertvollen Daten.

computer fraud: Computer-Betrug. Jeder Betrug, bei dem auf irgendeine Weise ein System der IT oder ein Teilsystem einbezogen ist. Betrug durch Beeinflussung des Ergebnisses eines DV-Verfahrens durch unrichtige Gestaltung des Programms, durch Verwendung unrichtiger oder unvollständiger Daten, durch unberechtigte Verwendung oder durch andere unberechtigte Einwirkungen auf den Ablauf. Straftatbestand des 2. WiKG.

computer protection program manager (CPPM): Ein organisatorisches Verfahren zur Implementierung und Durchführung eines Kontrollverfahrens: Beurteilung der Sensitivität einer Anwendung der IT und Realisierung angemessener organisatorischer, technischer, klassisch-materieller und personeller Sicherheitsmaßnahmen und Verfahren - auch bei nicht-eingestuften aber sensitiven Anwendungen; das CPPM formuliert weiterhin einen regelmäßig zu überarbeitenden Sicherheitsplan, der auch eine Beurteilung hinsichtlich der Wirtschaftlichkeit der eingesetzten Maßnahmen ermöglicht.

computer sabotage: Computersabotage. Datenveränderung und/oder Zerstörung von Objekten (Daten), Beschädigen, Unbrauchbarmachen, Beseitigen, Verändern von DV-Anlagen oder Datenträgern. Straftatbestand des 2. WiKG. Vgl. integrity.

computer security (COMPUSEC): DV-Sicherheit. Zustand eines Systems der IT, in dem unter Einsatz von trusted systems die unberechtigte Nutzung von Ressourcen verhindert oder mindestens kenntlich gemacht wird. Teilbereich der information security. Unter unberechtigte Nutzung fallen insbesondere die beiden folgenden Bedrohungen:

C

- Spionage: Unberechtigte Kenntnisnahme von Objekten (unauthorized disclosure) und

- Sabotage: Unberechtigte Änderung (integrity) und Mißbrauch (denial of service) von Objekten.

In Abhängigkeit vom Wert der Objekte wird durch mehr oder verstärkte Sicherheitsmaßnahmen ein höheres Sicherheitsniveau bzw. ein größerer Widerstandswert entsprechend den höheren Sicherheitsanforderungen realisiert.

Computer security wird auch benutzt als Kennzeichnung einer Menge von Untersuchungs- und Entwicklungszielen sowie von Maßnahmen zur logischen Absicherung von Systemen der IT. Dazu gehört insbesondere die Implementierung eines Zugriffskontrollsystems sowie die physische Absicherung der Geräte (bis hin zu den Verbindungskabeln) eines Systems der IT gegen Manipulation. Dazu werden formale Spezifikations- und Verifikationsverfahren eingesetzt.

computer virus: Computer-Virus. Synonym mit virus.

computer-related crime: Computerkriminalität. Synonym mit computer crime.

comsec officer: Sicherheitsbeauftragter für Fernmeldesicherheit.

concealment: Verschleierung. Verschlüsselungsverfahren mit niedrigem Widerstandswert insbesondere durch Einbettung sensitiver Daten in weniger sensitive.

concelation: Konzelation.

confidential: Vertraulich. Auch ein Geheimhaltungsgrad.

confidentiality: Vertraulichkeit. Eigenschaft eines Systems der IT, daß nur berechtigten Subjekten bestimmte Objekte verfügbar gemacht werden und unberechtigten Subjekten der Zugriff auf Objekte verwehrt wird. Auch die Kennzeichnung des Schutzniveaus.

configuration accounting: Konfigurationsbewertung. Bewertet werden die sicherheitsrelevanten Komponenten. Teilgebiet des configuration management des RAMP.

configuration audit: Konfigurationsprüfung. Abschlußprüfung der sicherheitsrelevanten Komponenten. Teilgebiet des configuration management des RAMP.

configuration control: Konfigurationskontrolle. Überwachung, Verwaltung und Dokumentation aller während der gesamten Lebensdauer durchgeführten Änderungen an der Hardware-, Firmware- und Software-Konfiguration inklusive der Dokumentation eines Systems der IT.

Dazu gehören sowohl der hardwaremäßige Aspekt des Anschlusses neuer Geräte, der Austausch und das Abkoppeln sowie Änderungen in den Geräten z.B. auf Grund von sog. engineering changes etc. als auch Änderungen an der implementierten Software, Änderungen in der Software mit dem Einfahren von Fehlerkorrekturen zur Erreichung eines anderen Levels des Betriebssystems.

Auch: Teilgebiet des configuration management des RAMP.

configuration identification: Konfigurationsidentifizierung. Bestimmt werden die sicherheitsrelevanten Komponenten. Teilgebiet des configuration management des RAMP.

configuration management: Konfigurationsmanagement. Ein Tool des RAMP. Es dient der Identifizierung der sicherheitsrelevanten Komponenten, der Modifikationen an ihnen und ihrer sicherheitsmäßigen Bewertung; und besteht aus den folgenden vier Teilgebieten.

- configuration identification
- configuration control
- configuration accounting
- configuration audit.

confine: Abschotten, abdichten.

confinement: Abdichtung. Jegliche Software weist potentiell sicherheits-relevante Lecks (i. allg. als channels bezeichnet) auf, aus denen sensitive Daten abfließen können. Das Abdichten der möglichen Lecks wird als confinement bezeichnet. Das Abdichten kann durch total isolation oder durch Einschränkung der Zugriffsrechte vorgenommen werden.

Speziell: Die Gewährung einer Zugriffsberechtigung ohne die Möglichkeit der Weitergabe dieses Rechts.

Vgl. covert channels, leakage paths, legitimate channels, storage channels.

confinement problem: Abdichtungsproblem. Ein Prozeß kann zur Laufzeit nicht nur berechtigten Subjekten und Objekten Informationen übertragen, sondern auch - unberechtigterweise - anderen Subjekten und Objekten.

confinement property: S. starproperty.

congruity: Kongruenz. Übereinstimmung z.B. von Sicherheitsmodell und Spezifikation.

connection: Verbindung. Eine zeitlich befristete Verbindung zur Übertragung von Information.

consistency: Konsistenz. Logische oder semantische Übereinstimmung, Widerspruchsfreiheit.

consistency checker: Konsistenz-Prüfung. Verfahren zur Überprüfung der logischen Widerspruchsfreiheit von Objekten.

consolidated product list (CPL): Auflistung der vom NCSC zertifi-

C

zierten Produkte aus den Bereichen COMPUSEC und COMSEC.

constrained data item (CDI): Vertrauenswürdige Daten.

contained: Kennzeichnet einen Systemzustand, bei dem die Verarbeitung innerhalb gesetzter Grenzen abläuft. Die Grenzen können z.B. Speicherbereiche kennzeichnen.

container: Behälter, Behältnis. I. allg. für Datenträger. Der Begriff wird im physischen und logischen Sinne benutzt. Auch die Zusammenfassung von logischen Speicherbereichen zu einer (eventuell geschützten) Einheit.

containment: Abschottung, Isolierung.

contamination: Verletzung, Verstümmelung, Verseuchung. Eigenschaft eines Prozesses, unberechtigt die Integrität von Objekten (Daten) zu verletzen. Z.B. besitzt ein Virus diese Eigenschaft. Vgl. virus.

contingency: Notfall. Jedes unvorhergesehene Ereignis, das den Betrieb eines Systems der IT entscheidend stört.

contingency plan: Notfall-Plan. Dokumentation der organisatorischen, personellen und technischen Maßnahmen im Rahmen der Betriebssicherheit zur Vorsorge für einen kontinuierlichen Betrieb eines Systems der IT.

contingency planning: Notfall-Planung. Organisatorische, personelle und technische Maßnahmen im Rahmen der Betriebssicherheit zur Vorsorge für einen kontinuierlichen Betrieb eines Systems der IT.

continuity of operations: Aufrechterhaltung des Betriebs.

control: Kontrolle.

control guidelines: Kontroll-Richtlinien.

control permission: Änderungserlaubnis. Zugriffmodus, der es einem Subjekt gestattet, eine Zugriffserlaubnis zu gewähren oder zu widerrufen und den Zugriffsmodus auf Objekte zu ändern. Die control permission kann selbst weitergegeben werden.

control zone: Kontrollzone. Durch klassisch-materielle Maßnahmen abgesicherter Bereich zur Verhinderung von unberechtigtem Zugang.

controllable isolation: Prüfbare Isolierung; Abschottung von Subjekten durch Begrenzung der Aktivitäten auf einen überschaubaren Bereich. S. isolation.

controlled access: Kontrollierter Zugriff. S. access control.

controlled access mechanism (CAM): Implementierte resource access control für ein System der IT, das nur einen Prozessorstatus kennt (z.B. personal computer).

Registered trademark der Micronyx Corporation.

controlled accessibility: Systemzustand, bei dem Zugriffssicherheit realisiert ist. S. access control.

controlled area: Kontrollierter Bereich. Ein Bereich, zu dem der Zugang aus Sicherheitsgründen eingeschränkt ist oder kontrolliert wird.

controlled security mode: Kontrollierte Mehrstufen-Betriebsart. Betriebsart eines Systems der IT, die eine gleichzeitige Verarbeitung von Objekten zweier oder mehrerer Kategorien oder Geheimhaltungsgrade durch Subjekte erlaubt, die nicht für alle Geheimhaltungsgrade oder Kategorien dieses Systems ermächtigt sind und kein need-to-know für alle Daten haben, ohne daß ein vertrauenswürdiges System der IT zugrunde liegt; das notwendige Sicherheitsniveau soll vielmehr durch organisatorische und klassisch-materielle Maßnahmen erreicht werden. Vgl. dedicated security mode, system high security mode, multilevel security mode.

controlled sharing: Systemzustand, bei dem die Zugriffskontrolle eines Systems der IT sichergestellt ist bei gemeinsamer Betriebsmittel-Nutzung durch mehrere Subjekte.

conventional cipher: Konventionelle Verschlüsselung. Verschlüsselungsverfahren, bei dem die Schlüssel zum Verschlüsseln und Entschlüsseln identisch sind; sie müssen daher geheimgehalten werden. Im Gegensatz zur public key cipher.

copyright protection: Urheberrechtschutz.

corporate data security commissioner: Betrieblicher Datenschutzbeauftragter.

corporate secrecy: Betriebsgeheimnis.

correctness: Korrektheit, Richtigkeit, Fehlerfreiheit. Übereinstimmungsgrad einer Implementierung mit den zugehörigen Spezifikationen.

correctness proof: Korrektheitsbeweis. Mathematischer Beweis der Übereinstimmung einer Spezifikation mit der Implementierung.

corroboration: Bestätigung.

corruption: Verfälschung. Unberechtigte Veränderung von Objekten (Daten).

COSMIC-TOP SECRET: Hoher Geheimhaltungsgrad der NATO.

cost-risk analysis: Kosten-Risiko-Analyse. Abschätzung der Kosten eines Sicherheitssystems (oder zusätzlicher Sicherheitsmaßnahmen) gegen die aus einer Bedrohungsanalyse erkannten Risiken.

countermeasure: Abwehrmaßnahme, Gegenmaßnahme, Sicherheitsmaßnahme.

covert channel: Verdeckter Kanal. Logischer Kanal, der nicht zur Informationsübertragung vorgesehen ist und die unberechtigte und verdeckte Übertragung d.h. den Austausch von Information ermöglicht und damit die Sicherheitspolitik des Systems der IT verletzt. Es werden zwei Klassen von covert channels unterschieden:

- covert storage channels und
- covert timing channels.

So kann zur verdeckten Informationsübertragung die Modulierung der Zeilenabstände, die paging rate etc. genutzt werden. Der Empfänger demoduliert die Nachricht. Z.B. zwischen Prozessen unterschiedlicher security levels. Für die berechtigte Übertragung sind overt channels vorgesehen.

covert channel analysis: Analyse verdeckter Kanäle. Die Analyse beinhaltet die drei folgenden Teilaufgaben.

- Suche nach (auch nur möglicherweise vorhandenen) verdeckten Kanälen,
- Bestimmung ihrer Übertragungskapazität, Kanalkapazität (channel capacity) und
- Bewertung der Auswirkungen auf das System der IT.

covert information channel: S. covert channel.

covert storage channel: Verdeckter Speicherkanal. Ein verdeckter Kanal, der die unberechtigte und verdeckte direkte oder indirekte Übertragung von Information im Speicher ermöglicht.

Z.B. durch Schreiben von Daten durch einen berechtigten Prozess in einen gemeinsam zugänglichen Speicherplatz, der von einem unberechtigten Prozeß ausgelesen werden kann.

covert timing channel: Verdeckter Zeitkanal. Verdeckter Kanal, der die Übertragung von Information ermöglicht, indem ein Prozeß seine eigene Betriebsmittel-Nutzung (z.B. CPU-Zeit, Plattenzugriffe) in Abhängigkeit von der Zeit moduliert; die Modulation wird von einem zweiten Prozess aufgenommen. Die Übertragung kann durch Rauschen gestört werden.

cracker: Angreifer und Eindringling in Systeme der IT der - überwiegend rechnerunterstützt i. allg. mit einem kleinen Computer (z.B. PC) - über ein Netz Daten zur Kenntnis nimmt und auch verändert oder zerstört. Computer-Freak, der über das Know-how von Hackern verfügt und in (fremden) Systemen der IT unberechtigt (destruktiv) agiert. Auch Begriff für Raubkopierer. Vgl. crasher, hacker und freaker.

crasher: Angreifer und Eindringling in Systeme der IT, der Daten verändert - bis hin zum Stillstand der Systeme. Vgl. cracker, hacker, freaker.

credential: Beglaubigungseinheit. Eine zu einem Subjekt gehörende physische oder logische Authentisierungseinheit. Ein (logisches) Kennzeichen.

criminal law: Strafrecht.

criteria: Kriterien. Umgangssprachliche Bezeichnung für die Bewertungskriterien des NCSC. S. trusted computer systems evaluation criteria (TCSEC).

criticality: Kritikalität. Wahrscheinlichkeit für das Vorhandensein einer Schwachstelle eines Systems der IT oder die Leichtigkeit der Manipulation von Ressourcen.

cross-talk: Übersprechen. Unbeabsichtigte Übertragung von Daten auf einen anderen, benachbarten Kanal. Durch kapazitive oder induktive Kopplung bedingte gegenseitige Beeinflussung von Leitungen.

cryptanalysis: Kryptanalyse. Wissenschaft von der (unberechtigten) Analyse von Kryptosystemen ohne Kenntnis des verwendeten Schlüssels mit dem Ziel der Entschlüsselung. Teilgebiet der Kryptologie. Drei Analysen (Angriffsverfahren) werden unterschieden.

- ciphertext-only attack,
- known-plaintext attack und
- chosen-plaintext attack.

crypto compromise: Bloßstellung von Verschlüsselungsinformation. Unbefugte Kenntnisnahme von Informationen über ein Kryptosystem.

crypto custodian: Schlüsselverwalter. Verantwortlicher für den Betrieb eines Kryptosystems inklusive der Verwaltung und Aufbewahrung der Schlüssel und der Dokumentation zum Kryptosystem.

crypto device: Verschlüsselungsgerät. Synonym mit crypto equipment.

crypto distribution agency: Schlüsselverteil-Stelle.

crypto distribution channel: Schlüsselverteil-Kanal.

crypto equipment: Verschlüsselungsgerät. Funktionseinheit, die den Verschlüsselungsalgorithmus in Hardware, Firmware oder Software enthält und den jeweiligen Schlüssel zur Ver- und Entschlüsselung aufnehmen kann.

crypto method: Verschlüsselungsverfahren.

crypto seal: Verschlüsselungssiegel.

crypto security: Kryptosicherheit, Verschlüsselungssicherheit. Systemzustand, in dem die unberechtigte Kenntnisnahme von Objekten bei der Übertragung durch ein Kryptosystem verhindert wird und die Datenintegrität während der Übertragung sichergestellt ist. Teilbereich der transmission security.

crypto system: Kryptosystem. Es besteht aus dem Verschlüsselungsalgorithmus und einer Menge von kryptographischen Schlüsseln. Oberbegriff für code system und cipher system. Nach dem Widerstandswert werden high grade und low grade Systeme unterschieden.

Im weiteren Sinne auch das System aus technischen Verschlüsselungsgeräten und organisatorischen Verfahren.

crypto text: Schlüsseltext. Oberbegriff für codierten und verschlüsselten Text.

cryptoanalysis: Kryptoanalyse. Bewertung der kryptographischen Stärke (Widerstandswert) eines Verschlüsselungssystems durch Analyse des Systems.

cryptographic checkfunction: Synonym mit cryptographic checksum.

cryptographic checksum: Kryptographische Prüfsumme. Eine Prüfsumme, die unter Verwendung eines kryptographischen Verfahrens gebildet wird. Die Prüfsumme wird zur Erkennung von Fehlern und Manipulationen benutzt. Vgl. message authentication code.

cryptographic device: Verschlüsselungsgerät. Implementierung eines kryptographischen Verfahrens.

cryptographic leverage: Widerstandswert kryptographischer Verfahren. Aus der Resistenz der Chiffren gegenüber unberechtigtem Dechiffrieren kann auf die Stärke des kryptographischen Verfahrens geschlossen werden.

cryptographic protection: Kryptographischer Schutz.

cryptographic system: Kryptographisches System. Zur Verschlüsselung von Klartext notwendige Dokumente, Geräte und Verfahren.

cryptography: Kryptographie. Wissenschaft von den Methoden der Verschlüsselung und Entschlüsselung von Daten mit dem Zweck der Unkenntlichmachung der Informationen für Unberechtigte. Teilgebiet der Kryptologie. Beinhaltet code system und cipher system.

cryptology: Kryptologie. Wissenschaft von der Geheimhaltung von Information durch Transformation der Daten. Sie beinhaltet die Bereiche Kryptographie und Kryptanalyse.

cryptoperiod: Gültigkeitsdauer des Schlüssels. Zeitintervall, in dem ein Schlüssel eines Kryptosystems gültig ist.

crypto-operation: Verschlüsselungsprozeß.

culprit: Täter, Angreifer.

custodian: Verantwortlicher.

cyclic redundancy check (CRC): Zyklische Blockprüfung. Hilfsmittel zur Fehlerüberwachung. Senderseitig wird der zu übertragenden Zeichenfolge eine (über ein Polynom berechnete) Prüfzeichenfolge hinzugefügt; empfangsseitig ermöglicht ein Vergleich der Zeichenfolge mit ihrer Prüfzeichenfolge eine Fehlererkennung.

D

daemon: Dämon. Unterhalb der Benutzeroberfläche agierender Systemprozeß. Synonym mit internal subject, service machine.

damage: Beschädigung.

danger: Gefahr.

danger detection system: Gefahrenmeldeanlage (GMA).

data: Daten. Implementierte Objekte.

data accuracy: Datengenauigkeit. S. accuracy.

data authentication code (DAC): Name des Authentikators im „Federal Information Processing Standard on Computer Data Integrity".

data cipher board: Verschlüsselungskarte.

data confidentiality: Daten-Vertraulichkeit, Vertraulichkeit der Daten. Zustand eines Systems in dem Daten vertraulich gehandhabt werden, so daß eine unberechtigte Kenntnisnahme verhindert wird. Der Zustand kennzeichnet ein niedrigeres Sicherheitsniveau als der der computer security.

data contamination: Daten-Verseuchung. Beabsichtigter oder unbeabsichtigter Prozeß zur Verletzung der Daten-Integrität.

data dependent protection: Datenabhängiger Schutz. Sicherheitsprinzip, das mit seinen Maßnahmen auf das individuelle Schutzbedürfnis von Daten abstellt. Dies Prinzip ermöglicht an den Einzel-Daten orientierte Schutzmaßnahmen, die wirtschaftlicher sein können und ein höheres Sicherheitsniveau unterstützen können als eine Absicherung auf Dateiebene. Das Prinzip ist insbesondere dann anzuwenden, wenn innerhalb einer Menge von weniger wichtigen Daten einige wenige sensitive enthalten sind.

data diddling: Veränderung von Daten (auch auf magnetischen oder anderen Datenträgern). Dies kann vor oder bei der Eingabe in ein System der IT, bei der Verarbeitung, bei und nach der Ausgabe oder im Archiv geschehen. Synonym mit alteration.

data encrypting key (DEK): Schlüssel zur Verschlüsselung der Nutzdaten und zur Berechnung des message authentication codes.

data encryption standard (DES): Symmetrisches Verschlüsselungsverfahren. Von IBM entwickelt und 1977 vom NBS vorgeschlagen; 1980 von der ANSI als Norm freigegeben. Block-Produktchiffre; Nachfolger des Lucifer-Algorithmus.

data exposure: Bloßstellung von Daten. Diskrepanz zwischen der niedrigsten Ermächtigung eines berechtigten Benutzers und dem höchsten Einstufungsgrad der auf einem System der IT verarbeiteten Daten.

data integrity: Daten-Integrität. Ein Zustand, der nur dann existiert, wenn die in einem System der IT gespeicherten Daten (überprüfbar) korrekt sind, also nicht manipuliert oder zerstört wurden. S. integrity. Korrektheit von Daten kann auch ein Problem der Aktualität dieser Daten sein.

data interception: Lauschangriff. Abhören oder Aufnehmen von elektromagnetischen Signalen auf Leitungen. Z.B. Abhören von Datenleitungen und Richtfunkstrecken (auch von und zu Satelliten), Aufnehmen der elektromagnetischen, optischen oder akustischen Abstrahlung.

data leakage: Datenverlust. Z.B. durch eine unbeabsichtigte oder sogar unbekannte Lücke (Leck) in den Sicherheitsmaßnahmen. Informationsverlust. Vgl. confinement problem, covert channel.

data loss: Verlust von Daten.

data manipulation: Datenveränderung.

data medium: Datenträger.

data origin authentication: Authentifizierung der Datenquelle.

data privacy measure: Datenschutzmaßnahme.

data program theft: Programm-Diebstahl. Z.B. durch downloading von Programmen zu einem angekoppelten System der IT; allgemein durch unberechtigtes Kopieren.

data protection: Datenschutz. Im anglo-amerikanischen Sprachbereich synonym mit privacy. Auch i.

S. von Datensicherung und Zugriffsschutz.

data protection officer: Datensicherungsbeauftragter, Datenschutzbeauftragter.

data scrambling: Datenverschleierung. Synonym mit scrambling.

data secrecy: Datengeheimnis.

data security: Datensicherheit. Umgangssprachliche Bezeichnung aller Aspekte der Absicherung eines Systems der IT gegen Angriffe. Zustand, bei dem Daten und datenverarbeitende Prozesse vor Beeinträchtigung bewahrt sind. Dazu gehören alle auftragsbedingten Vor- und Nacharbeiten, die Funktionseinheiten zur Abwicklung dieser Arbeiten, das auftragsgemäße Handeln der an den Arbeiten beteiligten Personen und die i.S. des Auftrags ordnungsgemäße Erbringung einer Datenverarbeitungsleistung. D.h. daß die Daten vor unberechtigter Kenntnisnahme (mit zufälliger, absichtlicher oder böswilliger Veränderung und Zerstörung) geschützt sind.

data security concept: Sicherheitsmodell der Klasse der Zugriffsmatrixmodelle, dem (z.B. im Gegensatz zum Bell-LaPadula-Modell) keine Sicherheitspolitik zugrunde liegt. Z.B. das UCLA Data Secure UNIX Model.

data security means: Datensicherung. Maßnahmen und Einrichtungen, die Datensicherheit herbeiführen oder erhalten.

data security model: Daten-Sicherheitsmodell. Synonym mit data security concept.

data signalling rate: Übertragungsgeschwindigkeit.

date stamp: Datumskennung. Ergänzung einer Nachricht durch das Datum ihrer Generierung. Vgl. time stamp.

deadlock: Blockade, Systemstillstand. Vgl. auch denial of service.

debugging: Fehlerbehebung. Korrektur logischer oder syntaktischer Fehler.

deceiver: Betrüger.

deceptive alarm: Täuschungsalarm.

decipher: Entschlüsseln.

decode: Decodieren; mit Hilfe eines Code-Systems.

decrypt: Entschlüsseln. Inverse Transformation von Daten durch den berechtigten Empfänger.

dedicated line: Standleitung. Synonym mit leased line. Im Gegensatz zu dial-up line, switched line.

dedicated security mode: Einstufenbetrieb. Vertrauenswürdige Betriebsart eines Systems der IT, in der nur eine bestimmte Art von Information, eines bestimmten Geheimhaltungsgrades oder einer

D

Kategorie - ggf. auch nur für begrenzte Zeit - verarbeitet wird. Die Subjekte sind ermächtigt und haben ein need-to-know für alle Daten. Vgl. multilevel security mode, system high security mode, controlled security mode.

defect: Fehler.

defensive depth: Verteidigungstiefe. Sicherheitsprinzip, das mehrere nacheinander angeordnete Sicherheitsmaßnahmen vorsieht, mit dem Ziel, auch bei Ausfall oder Durchdringung einer Maßnahme durch die weiteren Maßnahmen noch ein angemessenes Sicherheitsniveau zu erreichen. Ggf. wird eine (aufwendige) Sicherheitsmaßnahme auch durch mehrere (weniger aufwendige) Maßnahmen ersetzt.

degauss: Löschen. Speziell: Physisches Löschen von Datenträgern durch Entmagnetisieren mit Hilfe eines Wechselstroms. Vgl. deletion.

degausser: Löschgerät; für magnetische Datenträger.

delete: Löschen.

deletion: Löschen, Löschung, Zerstörung. Vor allem logisch und weniger physisch gemeint. Löschen von Daten (oder auch Dateien und Datenbanken) im Inhaltsverzeichnis.

deliberate: Absichtlich, vorsätzlich.

delivery notification: Übergabe-Bestätigung. Programmgesteuerte Bestätigung eines Systems der IT über die Übergabe einer Nachricht.

delivery status notification: Benachrichtigung über den Status der Übergabe.

delivery time stamp indication: Anzeige des Übergabezeitpunkts.

denial of message service: Dienstleistungsverhinderung im Netzwerk. Angriffe können nach den folgenden Taktiken ablaufen.

- Löschen aller Nachrichten einer Kommunikationsverbindung in einer oder in beiden Richtungen und
- Verzögern aller Nachrichten einer Kommunikationsverbindung in einer oder in beiden Richtungen.

Vgl. denial of service.

denial of service: Dienstleistungsverhinderung, Verweigern von Diensten. Unberechtigte Verzögerung (Verhinderung) der Kommunikation zwischen Prozessen. Beeinträchtigung des Prozeß-Ablaufs. Funktionsbeeinträchtigung.

Methode der Sabotage (ohne die direkte Zielsetzung der unberechtigten Kenntnisnahme von Daten). Z.B. durch Belegen von Betriebsmitteln wie der CPU-Zeit (oder auch Dienstprogramme oder Sperrung von Datenbanksätzen etc.) und die Nicht-Rückgabe an das System oder die Nicht-Freigabe für andere Benutzer oder auch durch Generierung eines deadlocks (der deadlock wird also als Angriffs-Werkzeug benutzt). Dabei wird die vorgesehene maximale Wartezeit des Prozesses überschritten.

depersonalized data: Anonymisierte Daten.

descriptive top-level specification (DTLS): Beschreibende top-level Spezifikation, Grobspezifikation, Funktionsspezifikation. Eine top-level Spezifikation, die in einer natürlichen Sprache oder in einer informellen program design notation formuliert ist.

design flaw: Designfehler. Fehler im Design eines Systems der IT oder eines Teils (Hardware, Firmware, Software), der i. allg. nur mit erheblichem Aufwand behoben werden kann. Bei einem sicherheitsrelevanten Fehler ist i. allg. ein Redesign unumgänglich.

designated approving authority (DAA): Zuständige Zulassungsstelle.

destruction: Zerstörung. Mechanische Zerstörung von Datenträgern durch Shreddern, Verbrennen o.ä. Auch benutzt im Sinne der logischen Zerstörung d.h. des Löschens von Daten.

detach: Freigeben.

detection: Erkennung; unberechtigter Zugriffe.

deterrence: Abschreckung; vor unberechtigtem Zugriff durch unfreundliche oder schwer zu überwindende Maßnahmen.

development environment: Entwicklungsumgebung. Die Menge der Standards, Methoden und Verfahren zur Entwicklung eines Systems der IT, die sicherstellt, daß es die Sicherheitspolitik korrekt und frei von Schwachstellen implementiert.

deviation: Abweichung.

device-ID: Gerätekennung.

dial back: Rückruf. Synonym mit call back.

dial-up line: Wählleitung. Synonym mit switched line.

digital signature (DSG): Digitale Unterschrift. Ein Zeichenstring, der vom Bitmuster der Nachricht abhängt und von einem geheimen Schlüssel. Zum Nachweis der Urheberschaft gegenüber Dritten ohne Offenlegung geheimer Information.

disaster: Katastrophe. Vgl. contingency.

disaster planning: Katastrophenplanung.

disclosure: Weitergabe, Kenntnisnahme von Daten. Auch unbeabsichtiger Informationsabfluß kann unberechtigte Kenntnisnahme zur Folge haben. Vgl. inadvertant disclosure, unauthorized disclosure.

Die Weitergabe kann zur Folge haben: Lesen (unberechtigte Kenntnisnahme), Schreiben, Ändern etc. und ermöglicht Löschen und Zerstören von Objekten sowie die Aktivierung von Prozessen.

discretionary access control (DAC): Benutzerbestimmbare Zugriffskontrolle. Ein Mittel zur benutzerbestimmbaren Begrenzung des Zugriffs von Subjekten auf Objekte eines Systems der IT. Eine „Sicherheitspolitik" wird also - evtl. auch ad hoc - vom Benutzer bestimmt. Die Subjekte können auch ihre Zugriffsberechtigungen oder einen Teil der Berechtigungen - evtl. indirekt - einem anderen Subjekt übertragen. Der DAC schützt damit gegen Zugriffe Unberechtigter. DAC kann auch innerhalb des MAC realisiert sein. Vgl. mandatory access control.

disgruntled employee: Verärgerter, verstimmter, verdrossener Mitarbeiter.

dishonest employee: Unehrlicher, unredlicher Mitarbeiter.

disseminate: Weitergeben, verbreiten, vertreiben.

dissemination: Weitergabe, Vertrieb.

distributed secure system (DSS): Eine durch trusted paths gekoppelte Menge von trusted systems, die dieselbe Sicherheitspolitik implementiert haben.
Auch: Sicheres Mehrstufen-Betriebssystem für mehrere an einem lokalen Netzwerk hängende Prozessoren; es basiert auf UNIX für PDP-11 und Personal Computer. Englische Entwicklung.

division: Abteilung, Gruppe. Hierarchisches Gliederungselement der TCSEC, das in Klassen unterteilt ist.

documentation security: Dokumentationssicherheit.

domain: Bereich, Domäne, Schutzumgebung.

In Hardware realisierbar durch die Möglichkeit zur Eingrenzung von Hardwarefunktionen - z.B. durch privilegierte Zustände, Ringschutz.

In Software realisierbar durch eine abgeschlossene Menge von Zugriffsrechten, die ein Subjekt hat, sowie von den zugehörigen Objekten.

domain machine: S. object oriented architecture.

dominance relation: Dominanz-Beziehung. Ein Subjekt kann nur dann auf ein Objekt zugreifen, wenn die Sicherheitsstufe des Subjekts die Sicherheitsstufe des Objekts gemäß der folgenden Regel (Dominanzregel) dominiert:

● Die Sicherheitsstufe des Subjekts ist hinsichtlich der hierar-

chischen Grade größer oder gleich der Einstufung des Objekts und
- alle - nicht-hierarchischen - Kategorien des Objekts auch Kategorien des Subjekts sind.

dominate: Dominieren. Ein security level dominiert ein anderes nur dann, wenn es hinsichtlich der hierarchischen Klassifikation größer oder gleich ist und wenn es hinsichtlich der nicht-hierarchischen Kategorien mit dem anderen völlig übereinstimmt.

dossier: Dossier. Akte mit personenbezogenen Daten.

double blind copy: Doppelt-Blind-Kopie. Kopie, bei der dem Empfänger nicht die Umgebung des Originals oder sogar der Sender und dem Sender nicht der Empfänger der Kopie bekannt ist.

double blind principle: Doppelt-Blind-Prinzip. Prinzip, bei dem sich Sender und Empfänger (gegenseitig) nicht kennen.

double blind distribution: Verteilung nach dem double blind principle.

doubling: Unberechtigtes Kopieren, doubeln. Eine unberechtigte Einheit verhält sich gegenüber dem Sicherheitssystem so, daß der Eindruck entsteht, sie sei eine berechtigte Einheit. S. masquerading; vgl. impersonation.

downgrade: Herabstufen. Absenken des Geheimhaltungsgrads.

downgrader: Herabstufer. Subjekt mit der Berechtigung, eingestufte Daten in eine niedrigere (gering-wertigere) Klasse herabzustufen.

download: Kopieren, abziehen, entladen von Objekten von einem übergeordneten System der IT. Auch Fernladen von Programmen auf Systeme der IT über ein Netz.

dumb device: Unintelligentes Gerät. Vom Benutzer nicht (speicher-)programmierbares Gerät, das also Daten nur senden oder empfangen aber nicht verarbeiten kann; das Gerät ist damit von einem Zentralrechner abhängig. Im Gegensatz zum intelligenten Gerät.

dumb terminal: Unintelligentes Terminal. Vom Benutzer nicht (speicher-)programmierbares Terminal, das also Daten nur senden oder empfangen aber nicht verarbeiten kann; es ist damit von einem Zentralrechner abhängig. Im Gegensatz zum intelligenten Terminal.

dummy character: Füllzeichen. Füllzeichen können z.B. eingesetzt werden zur Ergänzung von Nachrichten zur Erhöhung des Widerstandswerts gegen Verkehrsflußanalysen.

duplicate: Kopieren.

duplicate message: Unberechtigtes Kopieren von Nachrichten. Verarbeiten von Kopien berechtigter Nachrichten.

E

early identification: Früherkennung.

early warning: Frühwarnung.

eavesdropping: Lauschangriff. Abhören ohne direkte physische Aufschaltung auf den Übertragungskanal; passiver Angriff. Vgl. data interception und wire tapping.

economy of mechanism: Wirtschaftlichkeit der Mechanismen. Designprinzip vertrauenswürdiger Betriebssysteme, das das Ziel hat, die Anzahl der sicherheitsrelevanten Mechanismen möglichst klein zu halten; dadurch wird erreicht, daß sicherheitsrelevante Aktivitäten in wenigen isolierten Bereichen ablaufen.

electromagnetic compatibility (EMC): Elektromagnetische Verträglichkeit (EMV). Gegenseitige Verträglichkeit von Einheiten (Bausteinen und Geräten) hinsichtlich ihrer elektromagnetischen Abstrahlung.

electromagnetic emanation: Elektromagnetische Abstrahlung. Teilbereich der emanation. Unbeabsichtigte Aussendung elektromagnetischer Wellen durch Geräte; die Wellen können auch durch Leiter weitergeführt werden. Über die Störstrahlung hinaus kann kompromittierende Information aus dem Verarbeitungsprozeß abgestrahlt werden, die unberechtigt aufgefangen und analysiert werden kann. Vgl. radiation, interference, compromising emanation.

electromagnetic interference (EMI): Elektromagnetische Störung; durch Einstrahlen elektromagnetischer Wellen in Schaltkreise. Z.B. durch den elektromagnetischen Impuls.

electromagnetic pulse (EMP): Elektromagnetischer Impuls. Stoßartiger Vorgang endlicher Dauer (Gammastrahlimpuls), der in Schaltkreisen einen störenden (EMI) bis zerstörerischen Elektronenfluß induziert (Compton-Effekt).

Werkzeug der Sabotage ohne die Möglichkeit der unberechtigten Kenntnisnahme von Daten. Bekannt geworden durch den nuclear electromagnetic pulse (NEMP). Ein aktiver Angriff. Vgl. aber emanation.

electromagnetic radiation (EMR): Elektromagnetische Abstrahlung. Synonym mit electromagnetic emanation. S. radiation.

electronic code book (ECB): Blockweise Verschlüsselung. Die Klartext-Blöcke werden unabhängig von einander verschlüsselt. Blöcke mit demselben Bitmuster ergeben denselben Schlüsseltext. Das Verfahren erlaubt known-plaintext attacks.

electronic data processing auditor (EDPA): Revisor der Verfahren eines Systems der IT.

electronic key distribution (EKD): Rechnergestützte Schlüsselverteilung. I. allg. verschlüsselte Übertragung der Schlüssel zur Verschlüsselung von Klartext auf einem (evtl. speziellen Schlüssel-) Kanal. Vgl. key distribution channel.

Im Gegensatz zur klassischen Verteilung der Schlüssel auf nichtelektromagnetischen (z.B. Papier wie Lochstreifen) Datenträgern.

electronic mail: Elektronische Post.

electronic signature: Synonym mit digital signature.

electronic surveillance: Elektronische Überwachung.

electronic trespassing: Unberechtigtes Durchsuchen. Sorgfältiges Durchsuchen von Speichern nach Daten. S. browsing.

emanation: Abstrahlung. Unbeabsichtigte Aussendung elektromagnetischer, optischer oder akustischer Wellen durch Geräte; die Wellen können auch durch Leiter weitergeführt werden. Über die Störstrahlung hinaus kann kompromittierende Information aus dem Verarbeitungsprozeß abgestrahlt werden, die unberechtigt aufgefangen und analysiert werden kann. Passiver Angriff. Vgl. radiation, interference, compromising emanation.

emanation security (EMSEC): Abstrahlungssicherheit. Systemzustand, bei dem durch entsprechende Maßnahmen der unberechtigte Empfang und die Auswertung von Informationen, die durch kompromittierende Abstrahlung zur Kenntnis genommen werden könnte (Bloßstellung), verhindert wird. Vgl. TEMPEST.

embedded computer system: Prozeßrechner. Systeme der IT, die der Steuerung von elektromechanischen Systemen dienen. Z.B. Bordrechner von Schiffen, Flugzeugen, Raumfahrzeugen u.a. Verkehrsmitteln und Waffen - auch unbemannten - sowie von Maschinen. Diese Systeme der IT sind i. allg. als Komponenten in die gesteuerten Systeme eingebaut und nicht mehr oder nur noch sehr eingeschränkt programmierbar.

embezzlement: Veruntreuung. Unterschlagung einer Berechtigung.

emergency alarm: Notalarm.

E

emergency procedure: Notfall-Planung.

emergency response plan: Notfall-Plan. Synonym mit contingency plan.

emission: Abstrahlung. Umgangssprachlich für emanation.

emission security: Abstrahlungssicherheit. Umgangssprachlich für emanation security.

encapsulation: Kapselung. Physische Kapselung von Baueinheiten und logische Kapselung von Datenbereichen (Abschottung).

encipher: Verschlüsseln. Vgl. encrypt.

encipherment: Verschlüsselung; mit Hilfe eines cipher systems.

encode: Codieren.

encrypt: Verschlüsseln. Daten durch Transformation gegen unberechtigte Kenntnisnahme schützen. Verschlüsseln kennzeichnet ein hochwertiges Verfahren (high grade) mit einem hohen Widerstandswert gegen Angriffe; im Gegensatz zu verschleiern (low grade).

encryption: Verschlüsselung. Synonym mit encipherment.

encryption algorithm: Verschlüsselungsalgorithmus. Komponente des cipher systems.

encryption board: Verschlüsselungskarte.

encryption card: Verschlüsselungskarte. Synonym mit encryption board.

encryption security: Verschlüsselungssicherheit. Teil der Fernmeldesicherheit. Ein Systemzustand, bei dem durch Verschlüsselung sichergestellt ist, daß die auf einem - eventuell unsicheren - Kanal übertragenen Daten geschützt sind hinsichtlich

- authenticity - Authentizität,
- integrity - Integrität und
- ordering - Reihenfolge.

encryption technique: Verschlüsselungstechnik. Unterschieden werden insbesondere block ciphers und stream ciphers.

endorsement: Bestätigung.

end-to-end encryption (E3): Ende-Ende-Verschlüsselung, Übermittlungsverschlüsselung. Verschlüsselung der Nutzdaten auf dem gesamten Weg zwischen den kommunizierenden Prozessen; header werden nicht vollständig verschlüsselt (z.B. Absender, Adressat).

Das Verfahren geht also über die Verschlüsselung von Daten an der Stelle des Übergangs vom System der IT zur Leitung und umgekehrt zwischen Leitung und System hinaus. Synonym mit packet encryption. Vgl. link encryption, node encryption.

enemy: Feind.

enforcement: Realisierung, Durchsetzung.

engineering change (EC): Korrektur. Nachträgliche Änderung der Software (insbesondere des Betriebssystems), der Firmware oder der Hardware zur Verbesserung des Durchsatzes oder zur Fehlerbehebung als Wartungsmaßnahme.

engineering change order (ECO): Reihenfolge der Fehlerkorrektur.

enhanced hierarchical development methodology (EHDM): Weiterentwickeltes System von Spezifikations-, Verifikations- und Softwareproduktionstools. Vgl. hierarchical development methodology.

enhancement: Verbesserung.

entity: Element, Einheit. Eine Person, ein Prozeß oder eine physikalische Komponente als Teilnehmer eines Kommunikationsprozesses.

entrapment: Fallenstellen. Einrichten von logischen und physischen Fangvorrichtungen zur Erkennung von Eindringversuchen. Z.B. eine Fangschaltung.

environment: Umgebung. Alle Subjekte und Objekte wie externe Umstände und Bedingungen, die die Entwicklung, den Betrieb und die Wartung und Pflege eines Systems der IT beeinflussen können.

environment for verifying and evaluating software (EVES, m-EVES): Prototyp eines formalen Verifikationssystems; entwickelt von Ottawa Research and Technology Group der Sharp Associates Ltd.

equivocation: Äquivokation, Rückschlußentropie. Maß für die Ungewißheit (Unsicherheit), aus einem abgefangenen Schlüsseltext die richtige Lösung, den Klartext ermitteln zu können.

erase: Löschen. Insbesondere logisches Löschen; auch: Überschreiben mit einem Bit-Muster (erasure pattern). Vgl. degauss, erasure pattern.

erase on allocate: Beim Neuanlegen eines Speicherbereichs Löschen dieses neuen Bereichs vor Benutzung. Vgl. mit erase on extent.

erase on delete: Physisches Löschen.

erase on extent: Beim Erweitern, Vergrößern eines Speicherbereichs Löschen dieses neuen Bereichs vor Benutzung. Vgl. erase on allocate.

erasure pattern: Löschmuster. Bit-string zum Überschreiben. Vgl. erase.

error: Fehler. Unterschied zwischen tatsächlich Vorhandenem und der zugehörigen Forderung, Spezifikation.

E

error control: Fehlerüberwachung. Verfahren zur Erkennung von Fehlern und Begrenzung ihrer Auswirkungen.

error correction code (ECC): Fehlerkorrekturcode. Ein Fehlererkennungscode, bei dem eine Teilmenge der gestörten Zeichen auf Grund der Bildungsgesetze (ohne Rückfrage) korrigiert werden kann.

error detecting code: Fehlererkennungscode. Synonym mit error detection code.

error detection capability: Fähigkeit der Fehlerentdeckung.

error detection code: Fehlererkennungscode. Ein Code, bei dem die Zeichen nach Gesetzen gebildet werden, die es ermöglichen, einige der durch Störungen verursachten Abweichungen von diesen Gesetzen zu erkennen.

error probabilty: Fehlerwahrscheinlichkeit.

error ratio: Fehlerhäufigkeit.

espionage: Spionage.

evaluated product list (EPL): Auflistung der vom NCSC aus dem Bereich COMPUSEC zertifizierten Produkte zusammen mit ihrer Klassifizierung.

evaluated tool list (ETL): Auflistung der vom NCSC freigegebenen Verfahren zur Spezifikation und Verifikation von Systemen der IT.

evaluation: Bewertung.

evaluation procedure: Bewertungsverfahren. Das Bewertungsverfahren des NCSC zur Bewertung von Hardware-/Software-Systemen auf der Grundlage der TCSEC wird in den folgenden vier Stufen abgewickelt.

- Developmental evaluation,
- initial product assessment report,
- review,
- formal evaluation.

evasive action: Abwehrmaßnahme. Beim Erkennen von Eindringversuchen (z.B. password probing) werden vom Betriebssystem Abwehrmaßnahmen ergriffen wie Abschalten des benutzten Terminals oder der benutzten Leitung; Sicherheitsalarm.

event recording: Protokollierung von Ereignissen.

exhaustive search: Vollständige Suche. Lösung eines Problems durch Durchsuchen der Menge aller Lösungsmöglichkeiten unter der Annahme, daß jede (schnell) geprüft werden kann; z.B. die Schlüsselsuche zu einem verschlüsselten Text.

exhaustive table attack: Angriffsverfahren gegen Verschlüsselungsverfahren, bei dem die Menge aller möglichen Werte (z.B.

Initialisierungsvektoren) vollständig überprüft wird. Vgl. exhaustive search.

expected transmission delay: Erwartete Übertragungsverzögerung. Parameter für die Qualität des Übertragungsnetzes.

expiration date: Ablaufdatum. Z.B. für die Gültigkeit eines Paßworts oder die Sperr- oder Aufbewahrungsfrist für eine Datei.

expiration period: Gültigkeitsdauer. Synonym mit retention period, validation period.

exploitable channel: Verwertbarer Kanal. Kanal, der unter Umgehung der Sicherheitspolicy oder des Sicherheitssystems unberechtigt genutzt werden kann. S. covert channel.

exploitation: Auswertung, Verwertung.

exportation: Übergang. Ein Prozeß, der den Übergang von einem Element des Systems der IT zu einem anderen Element ermöglicht. Z.B. Übergang von einem Netzwerkknoten zu einem anderen.

exposure: Bloßstellung.

F

fail safe: Programmgesteuerte Beendigung eines Prozesses bei Erkennen eines Hardware- oder Software-Fehlers. Das Verfahren dient dem Schutz des Prozesses, der noch ordnungsgemäß bis zu einem definierten Zustand geführt wird.

fail soft: Selektive Beendigung eines betroffenen aber nicht notwendigerweise zu Ende zu führenden Prozesses bei Erkennen eines Hardware- oder Software-Fehlers.

failure: Ausfall, Versagen, Störung.

failure access: Durch einen Fehler im Sicherheitssystem ermöglichter unberechtigter (und eventuell nicht erkannter) Zugriff.

false aggregation problem: Falsches Aggregations-Problem. Einige (wenige) Objekte einer größeren Menge haben denselben (höheren) Geheimhaltungsgrad wie die Aggregatdaten. Im Gegensatz zu inference.

false alarm: Fehlalarm, falscher Alarm, unechter Alarm.

fault: Fehler.

fault tolerance: Fehlertoleranz.

feasibility: Realisierbarkeit, Machbarkeit. Die Möglichkeit oder Wahrscheinlichkeit der Ausnutzung einer Schwachstelle; auch Bewertung dieser Wahrscheinlichkeit.

feature: Eigenschaft, Verfahren.

Feiertag-model: Eine Modifizierung des Bell-LaPadula-Modells mit den folgenden fünf Axiomen: Simple security condition, star-property, tranquility principle, non-accessibility of inactive objects und rewriting of inactive objects.

fetch protection: Speicherzugriffsschutz. Sicherheitsprinzip mit dem Ziel des Schutzes vor unberechtigtem Zugriff eines Subjekts (Prozesses) auf Hauptspeicherbereiche.

file encryption: Dateiverschlüsselung.

file protection: Dateischutz. Sicherheitsprinzip mit dem Ziel der Absicherung einer Datei gegen unberechtigte Kenntnisnahme.

file protection ring: Schreibring. Physische Markierung von Magnetbandspulen, die den Schreibvorgang zuläßt.

file security (FILSEC): Dateisicherheit; Systemzustand, bei dem die unberechtigte Kenntnisnahme von Dateien oder ihren Teilen durch geeignete Maßnahmen verhindert ist. Teil der computer security.

fill character: Füllzeichen.

filter: Filter. S. security filter.

fingerprint: Fingerabdruck.

fingerprint identification: Fingerabdruck-Erkennung.

finite-state-machine model: Synonym mit state-machine model.

flaw: Schwachstelle. Fehler, Defekt oder Mangel im Design (design flaw) oder bei der Implementierung (implementation flaw), der einem Angreifer die Umgehung des Sicherheitssystems oder ein Eindringen in ein System der IT ermöglicht. Fehler im Bereich der Hardware, Firmware, Software oder der Organisation.

flaw analysis: Fehleranalyse. Verfahren zur systematischen Entdeckung von Fehlern.

flaw hypothesis methodology: Fehler-Annahme-Verfahren. Strategie des Penetrationstests von Penetrationsteams: Unter der Annahme, daß Hardware-/Software-Systeme nicht fehlerfrei erstellt werden können, wird die zugehörige Dokumentation systematisch untersucht mit dem Ziel, die sicherheitsrelevanten Fehler oder Mängel zu finden, die als Angriffspunkt für eine (möglichst wenig aufwendige) Penetration dienen können.

flaw finding methodology: Methodik der Fehlerentdeckung.

flow analysis tool: Rechnergestütztes Verfahren zur Analyse des Informationsflusses.

flow control: Flußkontrolle. Synonym mit information flow control.

flow table generator: Tabellengenerator zur Informationsfluß-Analyse. Rechnergestütztes Verfahren zur Analyse des Informationsflusses. Der Generator führt eine syntaktische Analyse der Spezifikationen durch und generiert eine Tabelle möglicher (overt und covert) Informationsflüsse. Derartige Verfahren sind in Spezifikations-/Verifikationssystemen enthalten.

foolproof: Narrensicher.

for official use only (FOUO): Nur für den Dienstgebrauch. Niedrigster Geheimhaltungsgrad.

forgeable: Fälschbar.

forgery: Fälschung, Betrug. Unberechtigte Behauptung eines Subjekts, eine bestimmte Nachricht von einem Kommunikationspartner erhalten zu haben.

formal development methodology (FDM): Eine Methode und ein System von Spezifikations-, Verifikations- und Software-Produktionstools. Das System basiert auf folgenden Funktionseinheiten.

- Nicht-prozedurale Spezifikationssprache INA JO,
- INA JO processor - zur Syntaxprüfung,
- Pascal verification condition generator - zur Generierung von Verifikationsbedingungen und ein
- interactive theorem prover - als Beweisprozessor und ein
- flow analysis tool (INA FLO).

Der Ansatz erscheint geschlossener im Vergleich zu HDM. Es verwendet eine Zustandsmaschine. Entwickelt von der System Development Group von UNISYS (früher SDC). Erstellt wurde damit u.a. das Betriebssystem KVM/370 für IBM-Rechner.

formal intermediate-level specification: Formale Zwischen-Spezifikation. Eine in einer formalen (mathematischen) Notation geschriebene Spezifikation, die aus einer Funktionsspezifikation abgeleitet wird und einer low-level specification übergeordnet ist.

formal low-level specification: Formale Low-level-Spezifikation. Eine in einer formalen (mathematischen) Notation geschriebene Spezifikation, die aus einer Funktions- oder aus einer Zwischen-Spezifikation abgeleitet wird.

formal product evaluation procedure: Formelles Beweisverfahren. Ein Teil des Bewertungsverfahrens des NCSC auf der Basis der TCSEC. S. commercial product evaluation procedure.

formal proof: Formaler Beweis. Eine (vollständige) mathematische Beweisführung, die die logische Korrektheit eines jeden Beweisschrittes und einer Menge von Theoremen darlegt. Im formalen Verifikationsverfahren wird der formale Beweis benutzt, um die

Korrektheit einiger Eigenschaften der formalen Spezifikation aufzuzeigen; ferner um aufzuzeigen, daß Software den Spezifikationen genügt - insbesondere den sicherheitsrelevanten Spezifikationen.

formal security policy model: Formales Modell einer Sicherheitspolitik. Eine mathematische (präzise) Darstellung einer Sicherheitspolitik.

Um angemessen präzise zu sein, muß ein solches Modell den Anfangszustand eines Systems darstellen, den Übergang von einem Zustand zu einem anderen sowie eine Definition eines „sicheren" Zustands eines Systems enthalten. Um als Basis für eine trusted computing base verwandt werden zu können, muß das Modell formal insofern bewiesen sein (formal proof), als der Anfangszustand der Definition eines „sicheren" Zustands entsprechen muß; falls alle von dem Modell geforderten Annahmen gelten können, werden alle zukünftigen Zustände des Systems sicher sein.

Einige Verfahren zur Entwicklung formaler Modelle verwenden Zustandsänderungsmodelle, Zeit-Logik-Modelle, beschreibende semantische Modelle und algebraische Spezifikationsmodelle.
Ein Beispiel für Zustandsänderungsmodelle ist das Bell-LaPadula-Modell.

formal specification: Formale Spezifikation. Formale (mathematische) Beschreibung von Systemanforderungen. Es werden formale Funktionsspezifikation, formale Zwischen-Spezifikation und formal low-level specification unterschieden.

formal specification language: Formale Spezifikationssprache.

formal specification technique: Vgl. specification/verification system.

formal top-level specification (FTLS): Formale Top-level-Spezifikation, Grobspezifikation, Funktionsspezifikation. Eine Top-level-Spezifikation in einer formalen (mathematischen) Notation. Teil der formalen Spezifikation.

formal verification: Formaler Nachweis der Konsistenz (Übereinstimmung) der System-Spezifikationen unterschiedlicher Abstraktionsniveaus (model - top level specification - intermediate level specification - low level specification - implementation). Teil des Spezifikations-/Verifikationsprozesses.

Z.B. ein Prozeß, der formale Beweise benutzt, um die Übereinstimmung von formaler Spezifikation (design verification) eines Systems oder eines Teilsystems der IT mit dem formal security policy model zu überprüfen.

formulary model: Prozedurales Sicherheitsmodell. Ein von L.J. Hoffman entwickeltes Datenbank-Zugriffsmodell, in dem die Sicherheitsbedingungen in Sicherheitsprozeduren (formularies) anzugeben sind.

FORTRAN verification system: Verfahren zur Verifikation von FORTRAN-Programmen.

frame check sequence (FCS): Prüfsumme des Protokollrahmens.

fraud: Betrug, arglistige Täuschung, Schwindel.

freak: S. freaker.

freaker: Spieler. Computer-Enthusiast, der nur mit Computern spielt, über Netze wandert, in Systeme der IT eindringt - aber sich damit auch begnügt. Freaker verändern keine Daten wie Cracker noch nehmen sie überhaupt Daten zur Kenntnis wie Hacker.

freeware: Freie Software. Software, die vereinbarungsgemäß öffentlich zugänglich ist, gegen ein freiwilliges Entgelt an den Ersteller. Vgl. public domain software.

french round-off: Synonym mit salami tactic.

front-end security filter: Front-end-Sicherheitsfilter. Funktionseinheit eines Systems der IT zur Zugriffskontrolle.

functional assurance: Funktionsgarantie.

functional protection: Funktionsschutz.

functional testing: Funktionstest. Der Teil der Sicherheitstests, bei dem die behaupteten Eigenschaften eines Systems mit Hilfe von Testdaten auf korrekte Funktion geprüft werden. Dies ist kein formales Verfahren.

functional unit: Funktionseinheit. Ein nach Aufgabe und Wirkung abgrenzbares Hardware-, Firmware- oder Software-Gebilde. Z.B. ein Prozeß, ein Programmbaustein, eine Baueinheit, eine Komponente.

functionality: Funktionalität. Bewertung des angestrebten Ziels und der benutzten Methode eines Sicherheitsdienstes; sie beinhaltet die Bewertung seiner Eigenschaften, Verfahren und seiner Leistungsfähigkeit.

G

gate: Tor. Ein kontrollierter Zugriffspfad zu und von einem vertrauenswürdigen Subsystem.

gateway: Netzübergang; zwischen inhomogenen Netzen. S. secure gateway. Im Gegensatz zu bridge.

Gemini secure operating system (GEMSOS): Betriebssystem der Gemini Computer Inc. auf der Grundlage von (vier) Schutzringen von MULTICS; der Sicherheitskern und die Anwendungssoftware laufen also in unterschiedlichen Ringen ab. Die Top-level-Spezifikation und die auf der zweiten Ebene wurden in einer Gypsy-Variante geschrieben.

glitch: Abweichung.

Goguen-Meseguer security model: Sicherheitsmodell, das ein - im Sinne einer Verletzung der Sicherheitseigenschaften des Systems - ungestörtes Arbeiten der Subjekte unterschiedlicher Bereiche (domains) ermöglicht. Auch als noninterference model bezeichnet.

granularity: Granularität. Größe, Länge, Umfang des kleinsten von dem jeweiligen Sicherheitssystem schützbaren Objekts. Größe der kleinsten schützbaren disjunkten Teilmenge z.B. von Benutzern, einer Datei, einem Teil einer Datei oder eines einzelnen Datums.

guard: Wächter. S. security guard.

guideline: Maßnahmenkatalog.

Gypsy: Formale Spezifikationssprache und verifizierbare höhere Systemprogrammiersprache (Pascal-ähnlich). Weiterentwicklung von Rose.

Gypsy verification environment (GVE): Ein Spezifikations-/Verifikationssystem. Vollständige Software-Entwicklungsumgebung und System formaler Methoden, Sprachen und Tools zur formalen Spezifikation, Verifikation und Implementierung von Systemen der IT (Hardware, Firmware, Software) - speziell von Betriebssystemen. GVE enthält auch ein flow analysis tool. Entwickelt von University of Texas, Institute for Computing Science and Computer Applications.

H

hack: Kunststück. (Slang). Auch: Erfolgreiches unberechtigtes Eindringen in Systeme der IT.

hacker: Angreifer oder Eindringling in Systeme der IT. Der Begriff kommt von hack oder von herumhacken auf der Eingabetastatur von Terminals und Personal Computern. Hacker dringen eher spielerisch und häufig nur aus sog. politischen Gründen (um die Unsicherheit der IT aufzuzeigen) - auch rechnerunterstützt mit einem kleinen Computer (z.B. PC) - über Datenleitungen in Systeme der IT ein und schauen Daten nur an (browsing, snooping, perusing) ohne die Absicht einer Schädigung des Eigentümers der Daten. Vgl. cracker, crasher, freaker.

hand geometry identification: Erkennung der Handform, Handabdruck-Erkennung. Vgl. biometrical control procedure.

handshaking: Dialogprinzip; von Fragen und Antworten zur gegenseitigen Identifizierung oder Authentifizierung.

handshaking procedures: Dialogverfahren; zur gegenseitigen Identifizierung oder Authentifizierung mit einer Folge von Fragen und Antworten, die vorgegeben sind und ggf. Zufallszahlen-gesteuert ablaufen.

hardware piracy: Unberechtigtes Kopieren von Hardware wie Chips. S. piracy.

hardware security: Hardware-Sicherheit. Sicherheitszustand eines Systems der IT, bei dem durch Hardware-Komponenten (Einheiten, Geräte) der unberechtigte Zugriff auf Objekte verhindert oder erschwert wird.

hash totals: Checksummenbildung; zufällig ausgewählter Bereiche eines jobs, Programms, Datei o.ä. zur Überprüfung der Integrität der Objekte und zur Kontrolle der vollständigen Abwicklung der Aufgabe.

hazards: Unvorhersehbare Gefahren.

hidden file: Versteckte Datei. Im Inhaltsverzeichnis (directory) nicht angezeigte und damit für den Anwender nicht unmittelbar erkennbare Datei.

hierarchical decomposition method: Methode zur formalen Spezifikation und Verifikation, zur strukturierten, geordneten Reduzierung eines Systems oder einer Komponente auf elementare Einheiten.

hierarchical development methodology (HDM): System von Spezifikations-, Verifikations- und Softwareproduktionstools. In HDM sind Verfahren, Werkzeuge und formale Sprachen zum rechnergestützten System-Design, zur Spezifikation, Verifikation und Implementierung sowie ein Verfahren zur Informationsfluß-Analyse integriert.

Ziel ist die rechnergestützte Entwicklung verifizierter Software vom Design bis zur Implementierung. Entwickelt von der Fa. SRI Int. Erstellt wurden damit u.a die Betriebssysteme STOP, SACDIN und KSOS.

H

hierarchy checker: Hierarchie-Prüfer. Verfahren zur Verifizierung der Hierarchie-Spezifikationen.

high grade cryptosystem: Hochwertiges Kryptosystem; mit hohem Widerstandswert. Im Gegensatz zu low grade cryptosystem. Vgl. encrypt (high grade) und scrambling (low grade).

high water mark: Hochwassermarke. Der höchste Geheimhaltungsgrad eines Objekts in einer Menge von Objekten oder in der Historie dieses Objekts. Z.B. wird eine Datei den Geheimhaltungsgrad erhalten, den die höchst-eingestuften Daten tragen. Auch als Kennzeichnung des entsprechenden Sicherheitsmechanismus benutzt. Vgl. low water mark.

high water marking: Prinzip des Betriebssystems VMS der Fa. Digital Equipment Corp. (DEC) die größte Ausdehnung einer Datei zu markieren (high water mark) und eine Datenverarbeitung jenseits dieser Marke zu verhindern. Dies wird kombiniert mit den Verfahren erase on allocate und erase on extent.

high-water-mark model: Sicherheitsmodell, das als Sensitivitätsstufe (sensitivity level) den höchsten jemals erreichten Geheimhaltungsgrad eines Objekts notiert und Zugriffsrechte in Abhängigkeit davon vergibt.

Realisiert z.B. im ADEPT-50 time-sharing system der System Development Corporation auf IBM/360 model 50.

hook: Ansatzpunkt, Haken, Falle. Vgl. maintenance hook.

hook-up: Zusammensetzung, Verbindung, Ergänzung, Komposition. Es werden die (Teil-)Komponenten eines Gesamtsystems betrachtet.

hook-up security: Komponenten-Sicherheit. Synonym mit restrictiveness; vgl. aber add-on security.

hooliganism: Räuberisches Verhalten.

hostile environment: Feindliche Umgebung. Die Umgebung eines Systems der IT, aus der heraus nicht-ermächtigte oder unzureichend ermächtigte Subjekte Zugriffsmöglichkeiten auf das System besitzen.

Z.B. besitzt ein System der IT eine feindliche Umgebung, das an öffentliche Netze wie long-haul networks, wide area networks oder an Wählleitungen angeschlossen ist.

Vgl. closed security environment, neutral environment, open security environment und partially hostile environment.

hot site: Synonym mit hot stand-by.

hot stand-by system: Betriebsbereites System der IT als Ausweichlösung im Not- und Katastrophenfall.

hypervisor concept: Hypervisor Konzept. Ein Konzept für sichere Betriebssysteme virtueller Maschinen. Der Hypervisor übernimmt die Betriebsmittelverwaltung und realisiert die Sicherheitspolitik. Unter dem Hypervisor laufen mehrere verschiedene Betriebssysteme oder Systemversionen ab, oder dasselbe System läuft mehrfach ab für unterschiedliche Anwendungen. Das Sicherheitsniveau dieser Betriebssysteme kann niedriger sein als das des Hypervisors, da sie im Einstufenbetrieb ablaufen. Die Abschottung zwischen den Betriebssystemen realisiert der Hypervisor.

I

identification: Identifikation, Identifizierung. Rechnergestütztes Verfahren eines Systems der IT zur Erkennung von Subjekten; Überprüfung der Behauptung, ein bestimmtes Subjekt zu sein durch Prüfung eines einfachen Identifizierungsmerkmals (Identifikationsnummer, Paßwort, Identitätskarte). Das Verfahren weist - insbesondere im Vergleich zur Authentifizierung - einen niedrigeren Widerstandswert auf. Vgl. authentification.

identification card: Ausweiskarte.

identifier: Bezeichner, Kennung. Daten zur Identifikation von Objekten. Auch: Synonym mit capability.

identify: Feststellen.

identity: Identität. Zustand, in dem eine festgelegte Menge zu überprüfender Kriterien eines Subjekts oder Objekts erfüllt ist.

identity analysis: Identitätsanalyse. Verfahren zur Ausforschung der Identität kommunizierender Einheiten.

identity card: Ausweis.

identity interception: Identitätsausforschung, unberechtigte Identitätsausforschung (Identitätsanalyse) kommunizierender Einheiten. Als Angriff zielt diese z.B. auf die Ebenen 5 und 7 (Kommunikationssteuerung) nach dem ISO Schichtenmodell.

ID-card: Ausweis, Identitätskennzeichen.

illegal: Unberechtigt, widerrechtlich.

illicit: Unberechtigt.

imbedded password: Eingebautes Paßwort. Paßwort, mit dem

I

Software vom Hersteller ausgeliefert wird und das vom Anwender bei Installation abgeändert werden sollte zur Vermeidung von Angriffen auf das System der IT auf Grund der Kenntnis des Paßworts.

impersonation: Behauptung oder Aneignung einer fremden Autorisierung. Unberechtigte (evtl. vom Berechtigten als Mittäter geduldete) Nutzung der Zugriffsberechtigung mit dem Ziel der unberechtigten Kenntnisnahme von Objekten. Logisches piggy-backing. Synonym mit masquerading.

implementation flaw: Implementierungsfehler. Fehler bei der Implementierung insbesondere von Software unabhängig von der Korrektheit des Designs.

impostor: Betrüger, Schwindler.

INA JO: Spezifikationssprache der formal development methodology. Eigenname. Entwickelt von der System Development Corporation.

inaccessible file: Nicht unmittelbar zugreifbare Datei. Synonym mit hidden file.

inadvertant: Unbeabsichtigt.

inadvertant disclosure: Unbeabsichtigte Kenntnisnahme, unbeabsichtigter Informations(ab)fluß; zu unberechtigten Subjekten.

incomplete parameter checking: Unvollständige Parameter-Prüfung. System-Fehler, bei dem die Prüfung sicherheitsrelevanter Parameter auf Korrektheit und Konsistenz nur unvollständig durchgeführt wird und dadurch das System der IT verwundbar macht.

individual accountability: Individuelle Protokollierbarkeit. Sicherheitsprinzip, das die Zugriffe jedes einzelnen Subjekts auf jedes Objekt verfolgt und nachweist.

individual message tampering: Aktiver Lauschangriff auf ein Netzwerk mit Nachrichtenveränderung. Ein Angriffsverfahren der message stream modification.

inference: Inferenz. Ableitung von Aussagen aus anderen Aussagen mit Hilfe logischer Schlüsse. Kombination von Objekten einer größeren Menge mit dem Ziel der unberechtigten Kenntnisnahme dritter Objekte. Ableitung von Aussagen aus anderen mit diesen in Wechselbeziehung stehenden Aussagen mit Hilfe logischer Schlußregeln. Dabei können allgemein zugängliche Informationen miteinbezogen werden (z.B. können Einkommensvorstellungen der Berufsangabe zugeordnet werden). Durch berechtigten Zugriff auf Datenauswertungen kann durch geeignete Fragestellung auf andere nicht zugängliche Daten geschlossen werden. Relevant insbesondere in statistischen Datenbanken. Speziell: Methode zur

(Re-)Identifizierung anonymisierter Daten.

inference aggregation problem: Synonym mit inference.

inferential closure: Inferenz-Schluß. Methode der Inferenz zur Ausfilterung relevanter Objekte aus einer Menge von Objekten.

infiltration: Eindringen; in ein System der IT ohne großen Aufwand. Infiltrieren, einsickern. S. penetration.

information flow: Informationsfluß. Informationsfluß in Funktionseinheiten und Kanälen.

information flow analysis: Informationsfluß-Analyse. Die Analyse des Informationsflusses ist ein Weg zur Erkennung von covert channels in - unter diesem Aspekt unvollständigen - state machine und anderen Modellen. Vgl. flow table generator.

information flow control: Informationsfluß-Kontrolle. Kontrolle des Informationsflusses in einem System der IT mit dem Ziel, den Fluß (z.B. durch verdeckte Kanäle) zu unberechtigten Objekten zu verhindern - mindestens aber zu erkennen.

information flow model: Informationsfluß-Modell. Sicherheitsmodell aus der Klasse der state-machine models. Das Modell definiert den Informationsfluß zwischen Objekten an Hand ihrer Sicherheitsattribute. Es ermöglicht damit die Erkennung von verdeckten Kanälen (covert channels). Das Modell enthält die folgenden Komponenten:

- Eine Menge von Objekten, die Informationen enthalten,
- eine Menge von Prozessen, die den Informationsfluß sicherstellen,
- eine Menge von Sicherheitsklassen,
- eine assoziative und kommutative Operation und
- eine Datenfluß-Beziehung für jedes Paar von Sicherheitsklassen, die entscheidet, ob Information von einer Klasse zu einer anderen fließen darf.

information flow security: Informationsfluß-Sicherheit.

information integrity: Informationsintegrität. Systemzustand, bei dem die Verfügbarkeit der Information, ihre Korrektheit und der Schutz vor unberechtigter Kenntnisnahme sichergestellt ist.

information protection: Informationsschutz.

information reliability: Informationszuverlässigkeit. Systemzustand, in dem sichergestellt ist, daß die Information zur berechtigten Nutzung bereitgestellt wird.

information secrecy: DV-Geheimschutz. Maßnahmen und Verfahren zur Geheimhaltung von Daten.

Information security (INFOSEC): Informationssicherheit. Oberbegriff für die Bereiche computer security und communication security. Beinhaltet auch integrity und reliability.

information system security officer (ISSO): DV-Sicherheitsoffizier, DV-Sicherheitsbeauftragter. S. security officer.

information theft: Informationsdiebstahl.

initialization vector (IV): Initialisierungsvektor. Nicht notwendig geheime Zeichenfolge zur Start-Synchronisierung beim cipher block chaining.

insertion: Einfügen. Auch Hinzufügen von Daten oder Dateien.

inspection: Inspektion. Nichtformale Analysetechnik der Programm-Anforderungen, des Designs oder des Programmtextes mit dem Ziel der Fehlererkennung.

instrumentation: Werkzeug. Sicherheitsmaßnahmen beinhalten Werkzeuge zur Protokollierung von Ausfällen der Maßnahme oder von Angriffen auf diese.

integrity: Integrität. Systemzustand, bei dem die Korrektheit der Objekte (Daten auf dem aktuellen Stand) und die korrekte Verfügbarkeit des Systems sichergestellt ist. Dabei werden die Objekte vor unberechtigter Modifikation (und/oder Zerstörung) geschützt. Erreicht wird dieser Zustand durch den Einsatz von Maßnahmen aus dem Bereich der information security. Vgl. computer sabotage, confidentiality, information secrecy, unauthorized disclosure.

integrity confinement: Integritätsabgrenzung. Eine Regel des integrity security models, die einem Subjekt die Zugriffsberechtigung „lesen" nur unter der Voraussetzung erteilt, daß das integrity level des Subjekts kleiner oder gleich dem des Objekts ist. Vgl. simple integrity, integrity security model.

integrity flaw: Integritätsschwachstelle, Integritätsfehler.

integrity level: Integritätsgrad.

integrity lock: Verschlüsselungsverfahren zur Absicherung der Integrität einer Objektmenge. Vgl. spray paint.

integrity model: S. integrity security model.

integrity policy: Integritätspolitik. Sicherheitspolitik, die sich auf die Verhinderung von unberechtigtem Schreiben und Verändern sensitiver Daten beschränkt. Vgl. security policy.

integrity protection: Integritätssicherung. Summe der Maßnahmen, die der Erhaltung der Daten- und Systemintegrität dienen.

integrity security model: Nach Biba ein Sicherheitsmodell zum Integritätsschutz (gegen Sabotage) im Gegensatz zum Modell von Bell-LaPadula, das allein den Geheimschutz (gegen Spionage) zum Ziel hat.

Das integrity security model kann als Spiegelbild des Sicherheitsmodells von Bell-LaPadula bezeichnet werden. Es besteht insbesondere aus den beiden Regeln simple integrity und integrity confinement.

integrity verification procedure (IVP): Prozeduren zur Verifizierung der Integrität. Vertrauenswürdige Daten werden durch IVP's verifiziert.

integrity violation: Integritätsverletzung.

intelligent attack: Intelligenter Angriff. Angriff auf ein System der IT, bei dem die Angriffe rechnergestützt (programmgesteuert) geführt werden. Z.B. beim Angriff auf das Zugriffskontrollsystem durch systematisches Ausprobieren aller möglichen (exhaustive search) Paßworte.

intelligent device: Intelligentes Gerät. Vom Benutzer (speicher-)programmierbares Gerät, das auch unabhängig von einem Zentralrechner arbeitet. Dies setzt einen Prozessor und einen Arbeitsspeicher voraus. Vgl. dumb device.

intelligent terminal: Intelligentes Terminal. Vom Benutzer (speicher-)programmierbares Terminal, das auch unabhängig von einem Zentralrechner arbeitet. Dies setzt einen Prozessor und einen Arbeitsspeicher voraus. Vgl. dumb terminal.

intelligent token: Funktionseinheit, Token (in Scheck- oder Kreditkartengröße) mit Mikroprozessor und Speicher zur Identifizierung oder auch Authentisierung zur Aufnahme von Algorithmen, Schlüsseln und zu ihrer Verarbeitung sowie eines Ein-/Ausgabe-Interfaces zur maschinellen Lesbarkeit. Ggf. auch mit Tastatur zur Eingabe einer PIN oder eines Displays zur Ausgabe von session keys. S. token. Synonym mit active card, chip card, smart card.

intentional: Absichtlich.

intentional disclosure: Absichtliche Offenlegung, absichtliche Kenntnisnahme.

interactive theorem proover (ITP): Interaktiver Beweisprozessor, Beweiser. Teil des Spezifikations-/Verifikationssystems. S. Boyer-Moore Theorem Proover.

interception: Lauschangriff. Abfangen von Nachrichten; ggf. durch Unterbrechen einer Kommunikation, eines Nachrichtenaustauschs oder einer Verbindung. S. data interception.

interchange key (IK): Schlüssel zur Verschlüsselung der data encrypting keys zur Übertragung.

interchange key identifier (IK ID): Bezeichner für den verwendeten Schlüssel. In manchen Fällen wird dieser Bezeichner zusammen mit der verschlüsselten Nachricht übertragen, um den Empfänger über den zur Verschlüsselung der Nutzdaten verwendeten Schlüssel zu informieren. Z.B. bei electronic mail.

interdiction: Verbot. Nicht-Zulassung der Zugriffe von Subjekten auf Objekte.

interface checker: Verfahren zur Verifizierung der Interface-Spezifikationen.

interference: Interferenz, Störung. Störung durch Überlagerung mehrerer Aktionen. Z.B. Störung des Betriebs eines Systems der IT durch Einstrahlung elektromagnetischer Wellen.

interference factor: Störfaktor.

interloper: Eindringling; in Systeme der IT, Datenbanken o.ä.

intermediate system: Übergangssystem, Zwischensystem. Begriff aus der OSI Terminologie. Z.B. bridge, gateway etc.

intermittent: Intermittierend, unregelmäßig.

internal subject: Internes Subjekt. Untermenge von Subjekten, die dem Benutzer (als Objekt) nicht zugänglich ist; interne Subjekte wickeln Systemfunktionen ab wie Paketvermittlung, spooling etc.

Auch als daemon oder service machine bekannt.

interoperability: Zusammenarbeit. Kompatible Zusammenarbeit zwischen unterschiedlichen Systemen der IT - insbesondere zwischen Netzen.

intruder: Eindringling. Erfolgreicher Angreifer.

intruder alarm protection: Eindringschutz.

intruder detector: Einbruchmelder.

intruder detection system (IDS): System zur Erkennung eines (unberechtigten) Eindringlings in ein System der IT und zur Alarmierung des Sicherheitsbeauftragten; das System hat auch die Aufgabe, den Eindringling zu identifizieren.

intrusion: Eindringen, erfolgreicher Angriff; in ein System der IT, oder in Teile eines Systems wie Datenbanken.

intrusion detection system: Einbruchmeldesystem, Eindring-Erkennungssystem. System zur Erkennung eines erfolgreichen Angriffs auf ein System der IT; es identifiziert den zum Eindringen benutzten Teil des Systems, möglichst auch den Eindringling und leitet Aktivitäten (Alarme) ein zur Alarmierung des Sicherheitsbeauftragten. Der Begriff wird auch im klassisch-materiellen Bereich benutzt.

I - J - K

intrusion detector: Einbruchsmelder.

intrusion device: Gerät, das zum Eindringen in ein System der IT benutzt wird.

intrusion technique: Eindring-Technik. Beim Eindringen in Systeme der IT benutzte Techniken, Methoden und Verfahren.

invalid reception: Ungültiger Empfang. Empfang von Daten in einem Übertragungsformat, das nicht den festgelegten Protokollen entspricht.

investigation: Untersuchung.

isolation: Isolierung. Konzept der funktionalen Trennung und Abschottung von Subjekten untereinander, Objekten untereinander und Subjekten und Objekten gegeneinander und gegen das Sicherheitssystem. So sollten die Sicherheitsmaßnahmen und -verfahren unabhängig voneinander und gegeneinander abgeschottet sein.

issue: Problembereich.

J

jeopardize: Gefährden, in Gefahr bringen, aufs Spiel setzen.

journal: Protokoll. Aufzeichnung der sicherheitsrelevanten Ereignisse in einem System der IT.

K

kernel: Kern. S. security kernel.

Kernelized Operating System VM/370 (KVM/370): Add-on Entwicklung durch die System Development Corp. zu dem Steuerprogramm VM/370-CP. Der verifizierte Kernel läuft im Supervisor-Mode.

Kernelized Secure Operating System (KSOS): Mit Hilfe von HDM erstelltes UNIX-kompatibles Betriebssystem für PDP 11/70 auf der Basis des Bell-LaPadula-Modells. Entwickelt von der Ford Aerospace and Communications Corp.

Unter der Bezeichnung KSOS-6 implementiert auf der SCOMP Hardware der Fa. Honeywell.

Unter der Bezeichnung KSOS-11 implementiert auf der PDP 11/45 Hardware der Fa. Digital Equipment Company von der Ford Aerospace and Communications Corp.

key: Schlüssel. Insbesondere der kryptographische Schlüssel: Eine

K

Folge von Zeichen (Buchstaben, Ziffern, Sonderzeichen) zur Durchführung der Verschlüsselung oder Entschlüsselung. Die Menge der Schlüssel kann nach ihrer Funktion gegliedert werden.

(1) key encrypting keys und
(2) data encrypting keys.

Auch der physische Schlüssel für das mechanische o.ä. Schloß.

key autokey (KAK): Verfahren zur Schlüsselgenerierung der autokey cipher, bei dem der Schlüsselstrom unabhängig vom Klartext- und Schlüsseltext-Strom ist.

key distribution: Schlüssel-Verteilung.

key distribution center (KDC): Schlüssel-Verteil-Zentrale. Technische und organisatorische Einrichtung zur Schlüsselverteilung.

key distribution channel: Schlüssel-Verteilkanal. Eventuell langsamer aber - durch Identifizierung, Authentifizierung und ein Verschlüsselungsverfahren mit hohem Widerstandswert ausgestatteter - sicherer Kanal, der nur der Übertragung von Schlüsseln dient. Im Gegensatz zum schnelleren aber unsichereren Daten-Übertragungskanal.

key encrypting key (KEK): Mit diesem Schlüssel werden session keys, working keys und data encrypting keys zur Übertragung verschlüsselt. Synonym mit master key. Vgl. Interchange key.

key generation: Schlüssel-Generierung. Herstellung eines Schlüssels oder einer Menge unterschiedlicher Schlüssel.

key granularity: Größe der Menge der Kommunikationspartner, die denselben Schlüssel für ein Verschlüsselungsverfahren benutzen.

key management: Schlüsselmanagement. Organisation der Schlüsselherstellung und -verteilung. Aufbewahrung/Speicherung, Benutzung und Vernichtung unter Anwendung einer Sicherheitspolitik.

key management system (KMS): Schlüsselverteilsystem.

key purchase attack (KPA): Angriff auf ein Kryptosystem, mit bekannt gewordenem Schlüssel.

keyboard grabber: Tastatur-Grabscher. Im Driver der Tastatur unberechtigt implantierte Folge von Instruktionen zur unberechtigten Kenntnisnahme der eingegebenen Daten.

keying material: Kryptodatenträger. Datenträger, der Kryptovariable wie Schlüssel enthält.

known-plaintext attack: Angriffsverfahren auf die Verschlüsselungssicherheit als Teil der Fernmeldesicherheit, bei dem dem Angreifer sowohl der Klartext als auch der Schlüsseltext bekannt sind; er jedoch nicht die Wahl des Klartextes beeinflussen kann.

L

label: Marke, Kennzeichen. Bezeichner von Objekten, wobei der Bezeichner nicht originärer Bestandteil des bezeichneten Objekts ist. Insbesondere die Bezeichnung von Objekten durch ihren Geheimhaltungsgrad und ihre Kategorie. Vgl. label integrity. Auch: Logisches und physikalisches Datenträger-Kennzeichen.

label integrity: Kennzeichen-Integrität. Zustand, in dem der Geheimhaltungsgrad eines Objekts und seine Kategorie durch Label genau bezeichnet sind; die Label sind mit dem Objekt unablösbar verbunden; Manipulationen an den Labels werden erkannt.

labeling: Markierung, Kennzeichnung.

lack of control: Mangel an Kontrolle.

larceny: Diebstahl. Entwendung von Ressourcen. Auch: Zeitdiebstahl.

lattice: Mathematischer Verband. Eine teilweise geordnete Menge, in der jedes Paar von Elementen eine größte untere und eine kleinste obere Schranke aufweist, nicht jedoch unbedingt zueinander in einer größer/kleiner Beziehung stehen muß.

lattice model: Verbandsmodell. Sicherheitsmodell zur Beschreibung von Sicherheitsebenen mit Hilfe mathematischer Verbände.

laxity: Nachlässigkeit. Z.B. des DV-Sicherheitsbeauftragten bei der Realisierung der Sicherheitsmaßnahmen.

leak: Leck.

leakage: Leck. Leckage, Schwund. Oberbegriff für den beabsichtigten und unbeabsichtigten Abfluß von Daten. Z.B. auch über verdeckte Kanäle.

leakage path: Abflußweg. Dieser Begriff betont mehr als der Begriff „covert channel" den unbeabsichtigten Informationsabfluß. Vgl. covert channel.

leased line: Mietleitung, Standleitung. Synonym mit dedicated line, non-switched line. Im Gegensatz zu dial-up line, switched line.

least common mechanism: Kleinste Anzahl gemeinsamer Unterprogramme. Die Zahl der von Sicherheitsverfahren gemeinsam genutzten Unterprogramme sollte minimiert werden, um bei Ausfall

L

oder Durchdringung eines Unterprogramms so wenig Sicherheitsverfahren wie möglich lahmzulegen.

least privilege: Zugriffsrechtsbegrenzung. Begrenzung der Zugriffsrechte der Subjekte auf die zur Aufgabenerfüllung unbedingt notwendigen. Dieses Prinzip begrenzt den möglichen Schaden bei Fehlern und unberechtigter Nutzung. Synonym mit need to know.

legitimate channel: Rechtmäßiger Kanal. Ein entsprechend den berechtigten Anforderungen benutzter Kanal.

legitimate user: Berechtigter Benutzer.

level: Ebene. S. security level, sensitivity level.

level of risk: Risikoniveau. Anzahl der erfolgreichen Angriffe auf ein System der IT.

level of protection: Schutzebene.

limited access: Begrenzter Zugriff. Betriebsart eines Systems der IT, in dem nicht alle Subjekte (wegen fehlender Ermächtigung) zum Zugriff auf die in einem System der IT verarbeiteten (oder gespeicherten) sensitiven oder eingestuften Daten berechtigt sind.

limited protection: Begrenzter Schutz. Sicherheitszustand im Bereich der Fernmeldesicherheit, bei dem nur ein Schutz besteht gegen Analyse und Auswertung der übertragenen Daten.

line encryption: Leitungsverschlüsselung. Synonym mit link encryption.

line level encipherment: Synonym mit link encryption.

line switching: Leitungsvermittlung. S. circuit switching.

line-tap: Lauschangriff. Angriff auf ein Fernmeldesystem.

- active line-tap: Abhören.
- passive line-tap: Mithören.

link encryption: Leitungsverschlüsselung. Verschlüsselung der übertragenen Daten einschließlich evtl. Kontrollinformation ausschließlich auf der Verbindungsleitung also zwischen korrespondierenden Modem-Schnittstellen. Im Knoten liegen die Daten in unverschlüsselter Form vor. Vgl. end-to-end encryption, line encryption, node encryption.

linkage: Verknüpfung. Kombination von Objekten mehrerer Systeme der IT mit dem Ziel zusätzlicher Informationsgewinnung.

list-oriented access control: Listen-orientierte Zugriffskontrolle. Die Zugriffskontrolle basiert auf Berechtigungslisten, in denen zu jedem Objekt vermerkt ist, welches Subjekt eine Zugriffsberechtigung besitzt.

literal key: Buchstabenschlüssel. Schlüssel, der aus einer Menge von Buchstaben besteht.

litigation: Rechtsstreit.

lock: Schloß.

lock word: Sperrwort.

locked password: Paßwort, das vom Benutzer nicht abgeändert werden kann sondern nur von einem beauftragten Dritten - z.B. dem DV-Sicherheitsbeauftragten.

locking of data: Sperren von Daten.

lock-and-key protection system: Schloß-Schlüssel-Sicherheitssystem. Ein Sicherheitssystem, das auf der Übereinstimmung eines Schlüssels (z.B. Kennworts) mit einem Vergleichswert beruht.

logging: Protokollierung. Systemseitiges Erfassen und Aufzeichnen sicherheitsrelevanter Informationen zur Beweissicherung.

logic bomb: Logische Bombe. Unberechtigt und verdeckt implantierte Folge von Instruktionen (Programmteilen, Programmen), die auf ein logisches Ereignis hin (trigger: Datum, Zeitpunkt der Eingabe eines Paßworts o.ä.) einen Angriff (z.B. Änderung des Systemzustandes, Systemzusammenbruch, Löschen von Daten, Zulassen eines unberechtigten Zugriffs) einleitet.

logical completeness measure: Logische Vollständigkeitsbewertung. Bewertung der Qualität von Zugriffskontrollverfahren unter Zugrundelegung spezifizierter Sicherheitsanforderungen.

logical coprocessing kernel (LOCK): Projekt der Fa. Honeywell zur Hardware-orientierten Realisierung von multilevel security eines Systems der IT mit Hilfe einer portable trusted computing base - einer Hardware-Komponente, die als SIDEARM bezeichnet wird.

Ausgangspunkt war das Projekt PSOS, das als Secure Ada Target (SAT) weitergeführt wurde.

logical secure channel (LSC): Logisch sicherer Kanal. Kanal, dessen Sicherheit dadurch definiert ist, daß

- eine geheimhaltungsbedürftige Nachricht nur dem berechtigten Sender und dem berechtigten Empfänger bekannt werden kann und
- eine vom berechtigten Empfänger empfangene geheimhaltungsbedürftige Nachricht nur von ihm selbst oder dem berechtigten Sender stammen kann.

log-file: Protokolldatei. Datei mit den Eintragungen aller erfaßten sicherheitsrelevanten Ereignisse.

log-in: Anmeldeprozedur; für ein System der IT oder einen Teilbereich wie ein Anwendungsverfahren.

log-off: Abmeldeprozedur. Synonym mit log-out.

log-on: Anmeldeprozedur. Synonym mit log-in.

log-out: Abmeldeprozedur; für ein System der IT oder einen Teilbereich wie ein Anwendungsverfahren. Synonym mit log-off.

long haul network (LHN): Weitverkehrsnetz. Ein über die Grundstücksgrenzen weit hinausreichendes Netz, das weltumspannend sein kann. Vergleichbar mit wide area network im Gegensatz zu local area network.

longitudinal redundancy check (LRC): Längssummenprüfung.

loop-hole: Schlupfloch. Sicherheitslücke in einem System der IT; ein durch Vergeßlichkeit hervorgerufener Hard-, Firm- oder Softwarefehler, der eine Umgehung des Sicherheitssystems (Zugriffskontrollsystem) ermöglicht.

loss of data: Datenverlust.

low grade cryptosystem: Geringwertiges Kryptosystem; mit geringem Widerstandswert. Im Gegensatz zu high grade cryptosystem. Vgl. encrypt (high grade) und scrambling (low grade).

low level specification: Feinspezifikation.

low water mark: Niedrigwassermarke. Vgl. high water mark.

M

MACH: Auf unterschiedlichen Hardware-Architekturen portabler operating system kernel. Implementiert auf VAX-Hardware und portiert auf IBM RT PC, SUN 3, Encore MultiMax und Sequent Balance 2100. Teile sind auch im Berkeley Unix 4.3 kernel implementiert. Entwickelt von der Carnegie-Mellon University (CMU).

magnetic remanence: Magnetische Remanenz. Der Verbleib der Magnetisierung auf (ferromagnetischen) Datenträgern. Ein Sicherheitsrisiko, sofern der Datenträger nicht hinreichend stark gelöscht wurde; dieses Löschen kann auch durch mehrfaches Überschreiben erreicht werden.

mailbox: Briefkasten. Speicherbereich eines Systems der IT, in dem Nachrichten in Text- und Sprachform abgelegt werden können.

maintenance hook: Spezielle Folgen von Instruktionen zum leichteren Erstellen, Testen, Korrigieren und Pflegen eines Programms (meist als Einsprungadresse); wird für die Funktionserfüllung des Programms nicht benötigt und ist daher nicht Teil der Design-Spezifikationen.

Hooks ermöglichen ein Eindringen in das Programm ohne Berechtigungsprüfung und sollten daher vor der Freigabe für den Benutzer entfernt werden. Sie sind als spezielle Form der trap door anzusehen.

malfunction: Störung.

malicious: Bösartig, böswillig.

malicious defamation: Böswillige Behauptung; des Nicht-Empfangs einer Nachricht.

malicious intent: Böswillige Absicht.

malicious logic: Böswillige Logik. Vorsätzlich und unberechtigt implantierte Hardware, Software oder Firmware zur Führung eines Angriffs auf ein System der IT.

mandatory access control (MAC): Festgelegte Zugriffskontrolle. Begrenzung des Zugriffs auf Objekte eines Systems der IT gemäß einer für das System festgelegten Sicherheitspolitik. In dieser sind Zugriffsberechtigungen festgelegt durch den Geheimhaltungsgrad und die Kategorie des Objekts (Einstufung, die im Label des Objekts zum Ausdruck kommt) und durch die formale Ermächtigung des zugreifenden Subjekts. Innerhalb des MAC gilt discretionary access control. MAC schützt gegen die unberechtigte Weitergabe von Objekten durch zum Zugriff berechtigte Subjekte und ermöglicht damit multilevel security.

manipulating: Manipulieren.

manipulation: Manipulation, unberechtigte Veränderung.

manipulation detection code (MDC): Manipulationserkennungscode. Ein Datenfeld einer Nachricht, das eine (redundante) Prüfsumme enthält. Eine Manipulation an einer (verschlüsselten) Nachricht kann mit Hilfe des MDC erkannt oder sogar korrigiert werden. Ein spezieller MDC ist die message authenticity computation.

manual cryptosystem: Manuelles Kryptosystem. Ein Kryptosystem, das nicht-rechnergestützt angewandt wird; „manuelle" Anwendung eines Algorithmus und Schlüssels auf den Klartext zu seiner Verschlüsselung.

marking: Kennzeichnung, Markierung. Z.B. durch ein Label.

masking: Maskieren. Bestimmung der Ausgaben eines Programms in rechtmäßige und verdeckte Kanäle. Eine Regel des Abdichtens (gegen covert channels).

M

masquerade: S. masquerading.

masquerading: Maskerade. Unberechtigter Kommunikationsversuch unter Vorspiegelung berechtigter Identität. Synonym mit mimicking und impersonation.

master key: Hauptschlüssel. Diese werden von Schlüsselverteilzentralen zur verschlüsselten Verteilung der zur Verschlüsselung des Klartextes benötigten Schlüssel benutzt.

mechanism: Maßnahme.

media encryption: Datenträgerverschlüsselung. Verschlüsselung der Daten auf (externen) Speichermedien.

mediation: Vermittlung. Designprinzip zur Vermittlung der verschiedenen Subjekt-Objekt-Aktivitäten.

memory access control: Speicherzugriffskontrolle.

memory bounds: Speichergrenzen.

memory bounds checking: S. bounds checking.

memory protection: Speicherschutz.

message: Nachricht. Eine Menge von in einem System der IT übertragener Daten-Objekte; sie kann (selbst ein Objekt) pointer und Zugriffsrechte für andere Objekte wie ports enthalten.

message authentication: Nachrichten-Authentisierung. Rechtsgültigmachen einer Nachricht z.B. mit Hilfe kryptographischer Verfahren.

message authentication code (MAC): Nachrichten-Authentisierungscode. Spezieller Authentikator im ANSI Standard X 9.9 „Financial Institution Message Authentication" bei umgangssprachlicher Verwendung des Begriffs „code".

message authenticity: Nachrichten-Authentizität. Zustand eines Systems der IT, bei dem sichergestellt ist, daß die Zahl der gesendeten mit der Zahl der empfangenen Nachrichten übereinstimmt.

Eine Gruppe von Angriffszielen der message stream modification. Die Angriffe können folgende Taktiken beinhalten.

- Einfügen einer (neuen) Nachricht (message insertion),
- Einfügen einer gültigen Nachricht, die einem anderen Empfänger berechtigt zugesandt wurde und
- Wiederholung einer früheren gültigen Nachricht (message replay).

message authenticity computation (MAC): Nachrichten-Authentisierungsverfahren. Mit Hilfe dieses Verfahrens wird der Empfänger einer Nachricht in die Lage versetzt, den authentischen Sender und die Authentizität der gesendeten Nachricht nachzuweisen. Vgl. message privacy computation.

message destruction: Nachrichten-Zerstörung, Zerstören einer Nachricht.

message disclosure: Kenntnisnahme von Nachrichten.

message flow modulator (MFM): Vertrauenswürdiger Wächter. Vertrauenswürdiger Filter zur Nachrichtenübertragung mit einer speziellen Sicherheitspolitik; realisiert in Gypsy. Verifiziert mit dem interactive theorem prover von Boyer und Moore. Entwickelt von Good, Universität Austin, Texas.

message identification: Nachrichten-Identifizierung. Identifizierung einer Nachricht mit Hilfe von identifier und delivery notification.

message insertion: Einfügen einer Nachricht, Nachrichten-Einfügung. Unberechtigtes Einfügen einer Nachricht in eine Kommunikation. Angriffsverfahren der message stream modification.

message modification: Nachrichtenveränderung, Veränderung einer Nachricht. Angriffsverfahren der message stream modification.

message order: Nachrichten-Reihenfolge. Ein Angriffsziel der message stream modification; die Angriffe können folgende Taktiken beinhalten.

- message destruction - Zerstören von Nachrichten,
- message order modification - Ändern der Reihenfolge von Nachrichten und
- message replay - Wiederholen von Nachrichten.

message order modification: Ändern der Nachrichten-Reihenfolge. Angriffsverfahren der message stream modification.

message privacy computation (MPC): Verfahren, mit dessen Hilfe der Sender den Empfang der Nachricht allein durch den berechtigten Empfänger sicherstellt.

message replay: Wiederholen von Nachrichten. Angriffsverfahren der message stream modification.

message stream modification (MSM): Modifizierung des Nachrichtenstroms. Angriffsverfahren der Kryptoanalyse, das sich gegen

- authenticity - Authentizität,
- integrity - Integrität und
- ordering - Reihenfolge der Nachrichten richtet; auch mit dem Ziel
- denial of service - Dienstleistungsverhinderung.

Dabei werden die folgenden Angriffsverfahren unterschieden.

- message modification - Nachrichtenveränderung,
- message insertion - Nachrichten-Einfügung,

M

- message order modification - Ändern der Reihenfolge von Nachrichten,
- message replay - Wiederholen von Nachrichten,
- message destruction - Zerstören von Nachrichten.

message stream tampering: Passiver Lauschangriff auf ein Netzwerk zur Aufnahme einer Menge von Nachrichten.

migration: Übertragung; von Daten eines Systems oder Teil eines Systems der IT (auch eines Netzwerks) in ein anderes.

mimicking: Synonym mit masquerading.

minimum privilege principle: Prinzip, die Zugriffsberechtigungen der Subjekte eines Systems der IT auf die Berechtigungen zu beschränken, die zur Erfüllung der individuellen Aufgaben dieses Subjekts unbedingt erforderlich sind. S. least privilege principle.

mistake: Fehler.

misuse: Mißbrauch.

misuse of data: Datenmißbrauch.

mis-routing: Fehlleitung; von Nachrichten, die von einem System der IT für ein anderes bestimmt sind.

Ein Angriffsziel ist z.B. die Schicht 3 und 4 (Vermittlung und Transport) nach dem ISO-Schichtenmodell: Durch unberechtigte Veränderung der Adreß-Daten können Nachrichten oder Datenpakete fehlgeleitet werden, etwa zu einem zufällig adressierten Netzknoten oder zu einem Knoten, den ein unberechtigter Netzteilnehmer kontrolliert.

Auch durch „Höhere Gewalt" eines nicht auszuschließenden unbeabsichtigten Hardware-/Software-Fehlers möglich.

mode of operation: Betriebsart im engen Sinne und Betriebsumgebung eines Systems der IT. S. die folgenden.

- compartmented security mode,
- controlled security mode,
- dedicated security mode,
- multilevel security mode und
- system high security mode.

modelling: Synonym mit masquerading.

modification: Modifikation. Unberechtigte Veränderung (oder auch Erzeugung) von Daten in Hard- und Software.

modification detection code (MDC): Synonym mit manipulation detection code.

modulated mark: Moduliertes Merkmal. Physisches Merkmal zur Echtheitsprüfung von token; z.B. von Scheckkarten mit der MM-Box.

monitor: Überwachen, kontrollieren, Überwachung, Kontrolle. Funktionseinheit zur Überwachung von Abläufen, Zuständen oder Beziehungen in Systemen der IT oder in Teilen davon.

monitor concept: Monitor-Konzept. Konzept für die Entwicklung sicherer Betriebssysteme. Der Hardware-nahe Teil des Betriebssystems (kernel) nimmt alle Überwachungs- und Steuerfunktionen entsprechend der Sicherheitspolitik wahr. Jeder Zugriff eines Subjekts auf ein Objekt wird vom Kern auf Zulässigkeit geprüft. Vgl. Hypervisor Konzept.

motion detector: Bewegungsmelder.

movement detection: Bewegungsmelder.

MULTICS: S. MULTiplexed Information and Computing Service.

multilevel mode: Mehrstufen-Betrieb. Betriebsart, bei der Objekte unterschiedlichen Geheimhaltungsgrades simultan verarbeitet werden können ohne das Risiko der unberechtigten Nutzung und Kenntnisnahme von Objekten.

Im allgemeinen kann dies nur erreicht werden, indem - möglichst maschinenlesbare - sensitivity labels an den Daten angebracht werden, die gegen Manipulation gesichert sind.

multilevel network subject: Mehrstufiges Subjekt eines Netzwerks. Ein Subjekt eines Netzwerks, das Nachrichten mehrerer Geheimhaltungsgrade in vertrauenswürdiger Weise sendet. Dazu werden i. allg. sensitivity labels mit übertragen.

multilevel device: Mehrstufen-Gerät. Ein Gerät, das in der Betriebsart multilevel mode gefahren werden kann.

multilevel secure: Eigenschaft eines Systems der IT, die in der Betriebsart multilevel die unberechtigte Nutzung und Kenntnisnahme von Objekten verhindert.

multilevel security (MLS): Mehrstufen-Sicherheit. Mit MLS wird der Schutz sensitiver Daten vor unberechtigter Weitergabe und damit vor unberechtigter Kenntnisnahme (Spionage) erreicht. Angriffe gegen die Integrität von Daten (Sabotage) werden mit MLS nicht erkannt oder abgewehrt.

multilevel security mode: Vertrauenswürdiger Mehrstufen-Betrieb. Betriebsart eines Systems der IT, die dank ihrer in Hardware, Firmware oder Software implementierten Sicherheitsmechanismen eine gleichzeitige Verarbeitung von Objekten mehrerer Geheimhaltungsgrade und Kategorien durch Subjekte erlaubt, die nicht für alle Geheimhaltungsgrade oder Kategorien ermächtigt sind und kein need-to-know für alle Objekte haben.

Vgl. controlled security mode, dedicated security mode, system high security mode.

multinet gateway: Sicherheitswächter. I. allg. zwischen heterogenen Netzen unterschiedlicher Sicherheitsstufe.

multiple access rights terminal: Ein Terminal, das von verschiedenen Benutzergruppen mit unterschiedlichen Zugriffsrechten benutzt wird.

multiple encryption: Überschlüsselung. Synonym mit superencipherment, superencryption.

multiplexed information and computing service (MULTICS): Ein general-purpose Timesharing Betriebssystem für Großrechner der Firma Honeywell für die Systeme HIS 643 und HIS 6180 sowie DPS8/70M und für /6 Systeme. Vom NCSC gemäß den TCSEC in der Version MR 11.0 zertifiziert für die Klasse B2. Auf der Grundlage des access matrix models berücksichtigt es den Ansatz der capability list sowie der access control list.

mutual authentication: Gegenseitige Authentifizierung; kommunizierender Sender und Empfänger.

mutual suspicion: Gegenseitiges Mißtrauen.

mutually suspicious: Gegenseitig mißtrauend.

mutual suspicious interaction: Gegenseitig mißtrauende Zusammenarbeit.

m-NEVER: S. NEVER.

N

nak-attack: NAK-Angriff. Angriffsverfahren, das eine asynchrone Systemunterbrechung ausnutzt, die von einem System der IT nicht ordnungsgemäß abgehandelt wird.

need-to-know: Kenntnis nur wenn nötig. Konzept, einem Benutzer ausschließlich die Objekte zur Verarbeitung zur Verfügung zu stellen, die zur Erfüllung der individuellen Aufgaben dieses Subjekts unbedingt erforderlich sind. Synonym mit least privilege.

need-to-know violation: Verletzung des Konzepts „Kenntnis nur wenn nötig". Kenntnisnahme von Objekten durch Subjekte, die zwar für den Geheimhaltungsgrad und die Kategorie der Objekte ermächtigt sind, aber nicht mit der Bearbeitung dieser Objekte beauftragt sind.

Network Operating System (NOS): Vertrauenswürdiges Betriebssystem der Fa. Control Data Corporation, das vom NCSC gemäß den TCSEC in der Version 2.4.1 zertifiziert ist für die Klasse C2.

network reference monitor: Netzwerk-Referenzmonitor. Ein Zugriffskontrollkonzept, das - auf einer abstrakten Maschine basierend - alle Zugriffe von Subjekten auf Objekte im Netzwerk kontrolliert. Vgl. reference monitor.

network security: Netzwerk-Sicherheit. Zustand eines Teilsystems der IT, in dem das Netzwerk und seine Funktionen vor unberechtigtem Zugriff (Modifikation, Zerstörung) geschützt sind und korrekt - auch ohne nachteilige Nebeneffekte - ablaufen.

network security architecture: Netzwerk-Sicherheitsarchitektur. Der sicherheitsrelevante Teil der Netzwerk-Architektur.

network sponsor: Netzverantwortlicher. Die für die Aufstellung der Sicherheitspolitik eines Netzes, die Konzeption der Netzsicherheitsarchitektur und für die Durchsetzung der Sicherheitsgrundsätze verantwortliche Organisationseinheit - evtl. auch eine Einzelperson.

network trusted computing base (NTCB): Vertrauenswürdige Netzwerk-Rechenbasis. Die Gesamtheit der Sicherheitsmechanismen eines Netzwerks mit Hardware, Firmware und Software, die eine Sicherheitspolitik erfüllen. Implementierung des reference monitor concepts.

network weaving: Netzwerk-Wandern. Unberechtigtes Eindringen in ein System der IT über ein oder mehrere Netzwerke.

Mit dem Ziel des leichteren Eindringens auf dem Umweg über ein schlechter abgesichertes Netzwerk oder auch mit dem Ziel der leichteren Verschleierung der eigenen Identität.

neutral environment: Neutrale Umgebung. Die Umgebung eines Systems der IT, aus der heraus Subjekte Zugriffsmöglichkeiten auf das System besitzen, die zwar entsprechend ermächtigt sind aber kein need-to-know für die verarbeiteten Objekte besitzen.

Z.B. besitzt ein System der IT eine neutrale Umgebung, das in einem klassisch-materiell abgesicherten (Zugangskontrolle) Bereich installiert ist, in dem sich ausschließlich entsprechend ermächtigte Personen aufhalten, die allerdings - wegen des fehlenden need-to-know - keine Zugriffsrechte besitzen.

Vgl. closed security environment, hostile environment, open security environment.

N - O

NEVER: Ein interaktiver theorem prover. Entwickelt von Sharp Associates.

node encryption: Knotenverschlüsselung. Verschlüsselung der übertragenen Daten auf den Verbindungsleitungen zwischen korrespondierenden Verbindungsknoten. Vgl. end-to-end encryption, link encryption.

noise: Geräusch, Rauschen, Störung.

non-accessability of inactive objects: Prinzip der Nicht-Zugreifbarkeit. Ein Subjekt darf den Inhalt eines nicht aktivierten Objekts nicht lesen. S. Bell-LaPadula und daraus abgeleitete Modelle.

non-delivery notification: Benachrichtigung der Nicht-Übergabe.

non-interference: Ungestörtheit.

non-interference model: Sicherheitsmodell das dem LOCK zugrunde gelegt wird. Synonym mit Goguen-Meseguer security model.

non-kernel security related software (NKSR): Sicherheitsrelevante (die Sicherheitspolitik mit-realisierende) Betriebssystem-Routinen, die nicht zum kernel gehören - aber zur trusted computing base.

non-receipt notification: Benachrichtigung des Nicht-Empfangs.

non-repudiation: Sende- und Empfangsbeweis. Nicht-Zurückweisung einer Nachricht (durch den unberechtigten Empfänger). Ein Sicherheitsdienst in Netzen, der einen fälschungssicheren Beweis der Herkunft bzw. der Ankunft der Daten zur Verfügung stellt.

non-switched line: Synonym mit dedicated line, leased line. Im Gegensatz zu dial-up line, switched line.

non-volatile memory: Nichtflüchtiger Speicher. Datenträger eines Systems der IT, der die Information auch nach Strom-Abschalten nicht verliert.

notarization: Registrierung, Beglaubigung. Vertrauenswürdige Dokumentation des Inhalts, Senders und des Zeitpunkts einer Kommunikation.

NTCB partition: Der Teil der vertrauenswürdigen Netzwerk-Rechenbasis, der in einer einzelnen Komponente des Netzwerks implementiert ist.

O

object: Objekt. Passive Einheit eines Systems der IT, die Information enthält oder erhält.

Die Zugriffsberechtigung auf ein Objekt impliziert i. allg. die Zugriffsberechtigung auf die enthaltene Information. Objekte können Prozesse, Bits, Bytes, Worte, Felder, Sätze, records, Blöcke, Seiten, Segmente, Programme, Dateien, Verzeichnisse (ACL), Wissensbasen, Regeln eines Expertensystems, Geräte wie Prozessoren, Ein-/Ausgabe-Geräte (Sichtgeräte, Tastaturen, Drucker) und Netzwerk-Knoten sein. Ein Subjekt kann auch als Objekt benutzt werden.

object reuse: Wiederverwendung eines Objekts. Wiederzuweisung, Wiederbenutzung. Wiederbenutzung eines Objekts im Rahmen einer anderen Verarbeitung.

Objekte in diesem Sinne können Seiten im Hauptspeicher, Sektoren auf Datenträgern sein. Die Wiederzuweisung setzt i. allg. die Löschung der früher enthaltenen sensitiven Informationen (Rest-Daten) voraus. S. reuse.

object-oriented architecture: Objekt-orientierte Architektur. Struktur eines Betriebssystems mit nicht-hierarchischen gegeneinander abgeschotteten Bereichen (Domänen), die nicht-modifizierbare pointer auf Objekte austauschen und damit die Zugriffsrechte (capabilities) auf diese Objekte; sie regeln die Zugriffskontrolle selbständig.

Daher werden sie auch als capability machines oder domain machines bezeichnet.

obligation of secrecy: Geheimhaltungspflicht.

obsoleting indication: Anzeige des Ungültigwerdens. Z.B. von Paßwörtern bei Erreichen des Verfallsdatums.

official use only (OUO): Nur für den Dienstgebrauch (NfD). Niedrigster Geheimhaltungsgrad im Bereich der Behörden und Streitkräfte.

one-time key: Einmalschlüssel.

one-time password: Einmalpaßwort.

one-way encryption: Einweg-Verschlüsselung. Verschlüsselung mit einer Einwegfunktion.

one-way function: Einweg-Funktion. Eine mathematische Funktion, die leicht berechnet werden kann im Vergleich zur rechen- und damit zeitaufwendigen Berechnung ihrer Inversen. Die Tatsache wird bei der Einwegverschlüsselung benutzt.

open account: Zugriff auf ein System der IT, der keine Identifizierung oder Authentifizierung erfordert.

open security environment: Offener Sicherheitsbereich. Schwachstelle eines Systems der IT außerhalb der DV-Technik (Umwelt), die

O

eine Angriffsmöglichkeit darstellt, weil nicht entsprechend ermächtigte Personen Zugriffsmöglichkeiten besitzen oder keine Konfigurationskontrolle durchgeführt wird.

1. Unter dem Aspekt der personellen Sicherheit die fehlende Überprüfung und Ermächtigung von Mitarbeitern wie der System-Entwickler und damit die Unsicherheit, ob nicht doch angriffsunterstützende Verfahren eingebaut wurden (z.B. malicious logic).

2. Aus der Sicht der klassisch-materiellen Sicherheit z.B. der fehlende Schutz gegen das Implantieren von malicious logic bereits vor Installation des Systems der IT, während der Implementierung oder während des Betriebs.

Vgl. closed security environment, hostile environment, neutral environment.

open storage: Nicht zugelassenes Behältnis. Speicherung geheimhaltungsbedürftiger Information in nicht zugelassenen Behältnissen.

operational data security: Sicherheit während des Betriebs eines System der IT. Synonym mit operations security.

operations security (OPSEC): Sicherheit während des Betriebs. Absicherung der Daten gegen zufällige oder absichtliche unberechtigte Kenntnisnahme (Veränderung, Zerstörung) während der Verarbeitung - inklusive der Ein- und Ausgabe.

optical security: Optische Sicherheit. Teilbereich der klassisch-materiellen Sicherheit, der den Schutz gegen optische Einsichtnahme und optische Abstrahlung von Geräten und Medien sicherstellt.

Orange Book (O.B.): Umgangssprachliche Bezeichnung für die Kriterien des Department of Defense Computer Security Center (DoDCSC). S. trusted computer system evaluation criteria (TCSEC).

outdoor perimeter surveillance: Perimeterüberwachung. Überwachung der Außenbereiche.

output feedback (OFB): Key autokey cipher mode des data encryption standards.

output spy: Ausgabe-Spion. Programm zur unberechtigten Kenntnisnahme des Outputs anderer Subjekte.

overprinting: Überschreiben. S. overwriting.

overwriting: Überschreiben. Löschen gespeicherter Daten durch Überschreiben mit anderen Daten. Synonym mit pattern writing.

overt channel: Offener Kanal. Ein im Sinne der Sicherheitspolitik definierter Kanal zur Übertragung von Daten. Vgl. covert channel.

owner: Eigentümer; eines Objekts.

ownership: Besitz, Eigentum. Ein Konzept, bei dem ein Subjekt die totale Kontrolle über den Zugriff auf ein Objekt hat. Erstellt im Auftrag dieses Subjekts ein anderes ein Objekt, so ist dieses vollständig verantwortlich für die Festlegung der Zugriffe auf dieses Objekt.

P

packet encryption: S. end-to-end encryption.

parser: Syntaxprüfer. Programm zur Prüfung eines Programmtextes auf korrekte Verwendung der Syntax der benutzten Programmiersprache; meist Teil eines Compilers oder Interpreters für die betreffende Sprache.

partially hostile environment: Partiell-feindliche Umgebung. Quantitativ weniger-feindliche Umgebung. Umgebung eines Systems der IT, aus der heraus (nur) einige nicht-ermächtigte oder unzureichend ermächtigte Subjekte Zugriffsmöglichkeiten auf das System besitzen. Vgl. closed security environment, neutral environment, open security environment und hostile environment.

partitioned NTCB: Verteilte vertrauenswürdige Netzwerk-Rechenbasis. Verteilung der Sicherheitsmechanismen des Netzwerks auf mehrere Komponenten des Netzwerks.

Pascal verification system: Verfahren zur Verifikation von Pascal-Programmen.

passive: Passiv. Die einem Objekt eigentümliche Eigenschaft, Information nicht aktiv ändern oder Prozesse anstoßen zu können; im Gegensatz zum aktiv agierenden Subjekt.

Auch solche Bedrohungen, die nicht zu einer unberechtigten Veränderung eines Objekts führen wie monitoring oder recording.

passive line-tap: Mithören, Lauschangriff. Unberechtigte Kenntnisnahme von Daten eines Kommunikationssystems ohne Veränderung der Daten. Vgl. active line-tap.

passive threat: Passive Bedrohung. Bedrohung durch nicht-aktive Ereignisse oder Maßnahmen wie z.B. Mithören; im Gegensatz zu active threat.

password: Paßwort, Kennwort. Eine geschützte subjekt-spezifische Zeichenfolge zur Identifizie-

P

rung evtl. auch zur Authentifizierung.

password algorithm: Paßwort-Algorithmus.

password dialogue: Paßwort-Dialog. Synonym für handshaking procedure.

password probing: Ausprobieren von Paßworten. Angriffsmaßnahme auf ein System der IT, bei der unsystematisch bekannte, häufig benutzte Paßworte oder systematisch durch zeichenweises Ausprobieren die gültigen Paßworte herausgefunden werden.

password system: Berechtigungsverwaltung. Teil des Berechtigungssystems des Zugriffskontrollsystems, das die zur Überprüfung der Identität notwendige Information (zugelassene Paßwörter) enthält.

pass-through technique: Durchgangstechnik. Unberechtigtes Eindringen in ein System der IT eines Berechtigten auf einem Umweg.

Ein berechtigter Mitarbeiter dringt in unberechtigter Weise von außen (z.B. auch in seinen eigenen PC) ein, um in ein angeschlossenes System „unter fremder Flagge" einzudringen.

patch: Fehlerkorrektur. Programm oder Teil eines Programms zur Korrektur von Programmfehlern insbesondere in Betriebssystemen; wirkt meist auf der Ebene des Binärcodes und ist daher nicht auf Quellcode-Ebene erkennbar.

pattern writing: Überschreiben; mit einem festgelegten Muster. Synonym mit overwriting.

peer: Partner. Insbesondere Kommunikationspartner.

peer authentification: Partner-Authentifizierung; bei Kommunikationsprozessen zwischen gleichberechtigten Partnern.

peer entity authentication: Sicherheitsverfahren zur Bestätigung der Berechtigung eines Partners (Objekts).

penal law: Strafrecht.

penal provisions: Strafbestimmungen.

penetration: Eindringen. Erfolgreiches unberechtigtes Eindringen in ein System der IT unter Umgehung oder Durchdringung des Sicherheitssystems. Penetration.

penetration profile: Penetrationsbeschreibung. Beschreibung der zum Eindringen in ein System der IT notwendigen Aktivitäten.

penetration signature: Eindring-Beschreibung.

● Beschreibung des Zustands eines Systems der IT oder Zusammenfassung der notwendigen Bedingungen, der bzw. ein Eindringen in ein System erlauben.

- Beschreibung der sicherheitsrelevanten Ereignisse, die einen Eindringversuch in ein System der IT vermuten lassen.

penetration team: Penetrationsteam. Synonym mit tiger team.

penetration technique: Penetrationstechnik.

penetration testing: Penetrationstest. Testen und prüfen des Sicherheitssystems auf Schwachstellen durch wiederholte Eindring- oder Umgehungsversuche; häufig durch ein sog. tiger team mit Hilfe aller verfügbaren Unterlagen wie Dokumentationen, Manuals incl. der Auflistungen der zugehörigen Programmtexte und Flußdiagramme oder Konstruktionsunterlagen, Schaltpläne etc. Bei diesen Tests wird potentiell der Arbeitsaufwand weder der Qualität noch der Quantität nach begrenzt.

penetrator: Eindringling.

perimeter: Umfeld, Umgrenzung, Außenhaut.

period processing: Blockzeiten-Betrieb. Das System der IT wird zu bestimmten Zeiten in unterschiedlichem single level mode betrieben. Zwischen diesen Blockzeiten muß das System von Objekten anderen Werts gereinigt werden.

peripheral surveillance: Peripherieüberwachung.

perpetration: Vergehen, Eindringen.

perpetrator: Täter, Eindringling.

perpetrator typology: Täterbild.

person affected: Betroffener.

person concerned: Beteiligter, Betroffener.

personal data: Personenbezogene Daten.

personal identification code (PIC): Persönlicher Identifizierungscode. Eine Zeichenfolge zur Verifizierung der Identität z.B. des Besitzers einer Scheck- oder Kreditkarte. Der Begriff „code" wird hier umgangssprachlich benutzt.

personal identification number (PIN): Persönliche Identifizierungsnummer. Kennwort, das aus einer Ziffernfolge (i. allg. vier bis sechs Ziffern) zur Verifizierung der Identität z.B. des Besitzers einer Scheck- oder Kreditkarte besteht.

personal identifier: Persönliches Identifizierungsmerkmal.

personnel security (PERSEC): Personelle Sicherheit. Die Verfahren zur Überprüfung und Ermächtigung von Personen für die Bearbeitung sensitiver Informationen.

Auch: Zustand, in dem sichergestellt ist, daß die Personen überprüft und ermächtigt sind, die es nach den Verfahrensvorschriften sein sollten.

perusing: Durchsehen. Sorgfältig prüfen.

P

phone phreak: Unberechtigter Benutzer von Telefonnetzen.

phreaker: Synonym mit freaker.

physical access control: Zugangskontrolle. Insbesondere auf physikalischer Ebene.

physical control zone (PCZ): Kontrollzone. Durch klassisch-materielle Maßnahmen abgesicherter Bereich zur Verhinderung von unberechtigtem Zugang.

physical exit control: Abgangskontrolle. Insbesondere auf physikalischer Ebene.

physical security (PHYSEC): Klassisch-materielle Sicherheit.

1. Maßnahmen der Zugangskontrolle (mit Pförtnern, Ausweisen etc.) zu einem System der IT.
2. Maßnahmen zur Absicherung von Systemen der IT im Hinblick auf die Betriebssicherheit wie Notfälle, Feuer-, Wasser-, Sturm- und andere Schäden.

physically protected communications media: Klassisch-materiell abgesicherte Kommunikationsleitungen. Kommunikationsleitungen, deren physischer Zugang hinreichend kontrolliert ist und die gegen unberechtigte Kenntnisnahme von Daten und unberechtigte Änderung und Mißbrauch der Daten geschützt sind.

piggy back entry: Synonym für piggy backing.

piggy backing: Huckepack-Eindringen. Unberechtigter Zugriff eines Dritten unter Ausnutzung einer fremden Zugriffsberechtigung. Z.B. nachdem ein Berechtigter seine Identität gegenüber dem Sicherheitssystem nachgewiesen hat, die unberechtigte Nutzung dessen Terminals. Im engen Sinne ein klassisches, physisches Problem der Zugangskontrolle. Vgl. impersonation.

piracy: Unberechtigtes Kopieren; von Hardware und Software. Das ist logischer Diebstahl von Hardware und Software. Z.B. Raubkopien von Programmen.

plaintext: Klartext. Eine Nachricht, die in unverschlüsselter Form vorliegt. Eingabe für einen Verschlüsselungsalgorithmus. Synonym mit clear text.

play-back: Nachrichten-Wiederholung, Wiedereinspielen. Wiedereinspielen eines aufgezeichneten und ggf. veränderten Kommunikationsinhalts (Nachricht) und Wieder-Einspeisen in einen Kanal eines Systems als Ersatz für die Original-Nachricht oder als Wiederholung.

Angriffsverfahren auf ein System der IT. Es wird eine falsche Identität des Senders und eine falsche Authentizität der eingespeisten Nachricht vorgetäuscht. Der Angriff zielt z.B. auf alle sieben Schichten nach dem ISO-Schichtenmodell. Angriffsversuch der spurious association initiation. Synonym mit replay.

policy: Politik. Top-level Festlegungen und Regeln; zur Behandlung sensitiver Daten. Speziell eine der drei Grundforderungen der computer security in den TCSEC neben accountability und assurance. Die Forderung nach dem Vorhandensein einer expliziten und definierten - und vom System der IT erfüllten - Sicherheitspolitik sowie die Forderung nach einer Markierungsmöglichkeit der Objekte durch label.

poohing: Unberechtigte Kenntnisnahme von Daten durch Herausfiltern wesentlicher Daten aus den von einer Leitung abgehörten oder aus einem Speicher zur Kenntnis genommenen Daten. Hacker slang.

Im Sinne von „Honig saugen oder schlecken"; wohl nach einem Kultbuch „Winnie-the-Pooh" von A.A. Milne.

pooling of data: Zusammenführen von Daten.

port: Kommunikationskanal, Eingang (mit den drei Zugriffsrechten own, senden, empfangen).

port protection device: Rückrufautomatik. Gerät, das auf eingehenden Leitungen die Zugriffsberechtigung prüft, nachdem es die Leitung abgeschaltet hat; bei Vorliegen einer Berechtigung wird die gespeicherte Teilnehmer-Adresse neu angewählt. Vgl. call back.

post employment access: Unberechtigter Zugriff eines ehemaligen Mitarbeiters mit entsprechenden Kenntnissen über das Sicherheitssystem eines Systems der IT.

power blackout: Stromausfall in einem größeren Bereich.

power brownout: Spannungseinbruch.

power failure: Stromausfall.

power transient: Kurze Spannungsspitze.

practically secure: Praktisch sicher. Qualitätsbewertung eines Verschlüsselungsverfahrens, das Angriffen widersteht, deren Ressourcenaufwand den Wert der verschlüsselten Information übersteigt. Im Gegensatz zu unconditionally secure.

precautions: Vorsichtsmaßnahmen.

preemption: Entzug von Betriebsmitteln.

preliminary product evaluation: Vorläufige Produktbewertung. Ein Teil des Bewertungsverfahrens des NCSC auf der Basis der TCSEC. S. commercial product evaluation procedure.

prevention: Verhütung, Vermeidung.

prevention of non-delivery notification: Vermeidung der Benachrichtigung über die Nicht-Übergabe.

principal: Synonym mit subject.

print suppress: Schreib-Unterdrückung. Unterdrückung der Ausgabe geheimhaltungsbedürftiger Daten. Z.B. Nicht-Anzeige des Paßworts auf dem Bildschirm bei Eingabe über Tastatur.

privacy: Datenschutz, Privatsphäre. Recht auf informationelle Selbstbestimmung.

privacy act: Datenschutzgesetz.

privacy measure: Datenschutzmaßnahme.

privilege: Privileg, Berechtigung. Festlegung der berechtigten Zugriffsart.

privity: Systemzustand, in dem alle aktiven Prozesse unbegrenzte Zugriffsrechte besitzen.

probability of corruption: Verfälschungswahrscheinlichkeit. Parameter für die Qualität des Übertragungsnetzes.

probability of duplication: Dopplungswahrscheinlichkeit. Parameter für die Qualität des Übertragungsnetzes.

probability of loss: Verlustwahrscheinlichkeit. Parameter für die Qualität des Übertragungsnetzes.

probability of wrong delivery: Wahrscheinlichkeit des Falschlaufens. Parameter für die Qualität des Übertragungsnetzes.

probing: Sondieren. Ungezieltes Ausforschen eines Systems der IT hinsichtlich des Sicherheitssystems oder (direkt) der gespeicherten Daten.

procedural security: Organisatorische Sicherheit. Die Maßnahmen aus dem Bereich der Aufbau- und Ablauforganisation. Synonym mit administrative security.

procedure protection mechanism: Programmbezogene Sicherheitsmaßnahme.

process: Prozeß. Ein Vorgang, der unter vorgegebenen Randbedingungen nach Aufgabe und Wirkung abgegrenzt ist. Ein ablaufendes Programm. Ein Prozeß wird vollständig beschrieben durch einen aktuell gültigen Ausführungsstand, der z.B. in einer maschinenspezifischen Beschreibung des Prozesses abgelegt sein kann und durch einen Adressraum.

Auch: Ein ausführbares Programm.

process control computer: Prozeßrechner.

process isolation: Funktionstrennung, Prozeßtrennung.

professional secrecy: Berufsgeheimnis.

professional disqualification: Berufsverbot.

profile: Profil, Zugriffsprofil. S. access profile.

program correctness: Richtigkeit der Programme.

program proving: Beweis der Richtigkeit der Programme.

programmed lock: Programmierte Sperre.

programming style analysis: Programmierstil-Analyse.

proof of correctness: Korrektheitsprüfung. Unter Benutzung von Verfahren der mathematischen Logik werden Beziehungen zwischen Programmvariablen zu Beginn und nach Ablauf des Programms überprüft.

proof statement: Beweissicherung.

propagation of authorization: Weitergabe der Berechtigung.

proprietary information: Eigentümerbezogene Information. Daten oder Programme, die urheberrechtlich durch eine Handelsmarke, ein Patent oder ein Copyright geschützt sind, auf Grund der intellectual property rights, des „Federal law of Copyright" und des „Freedom of Information Act (FOIA)" der United States of America.

protected data: Geschützte Daten.

protected location: Geschützte Speicherstelle.

protected path: Geschützter Übertragungsweg. Abgesicherte Kommunikationsverbindung zwischen zwei (oder mehreren) vertrauenswürdigen Systemen (eines Netzwerks).

protected storage area: Geschützter Speicherbereich. Bereich eines Speichers, der gegen unberechtigte Zugriffe gesperrt ist.

protected wireline distribution system (PWDS): Fernmelde-System, das unter dem Aspekt der Abstrahlungssicherheit und der klassisch-materiellen Maßnahmen zur Absicherung der Übertragungswege für die unverschlüsselte Übertragung geheimhaltungsbedürftiger Daten zugelassen ist.

protection: Schutz.

protection critical portion: Schutzbedürftiger Teil. Teil eines Systems der IT (meist eines TCB), der die Zugriffskontrolle von Subjekten und Objekten kontrolliert.

protection mechanism: Schutzmechanismus.

protection philosophy: Schutz-Philosophie. Nicht-formale Beschreibung des Designs der Sicherheitsmechanismen eines Systems oder eines Teils eines Systems der IT. Mit einer Kombination von formalen und nichtformalen Methoden wird die Übereinstimmung mit der zugrunde liegenden Sicherheitspolitik aufgezeigt.

protection primitives: Elementare Schutzeinheiten.

protection ring: Schutzring. Sicherheitskonstrukt des Betriebssystems (z.B. bei MULTICS). Ein Ring ist ein privilegierter Systemmodus, der dem Subjekt in diesem Ring nur beschränkte Zugriffsrechte gewährt.

protocol: Protokoll. Zeit- und Formatkonventionen zur Übertragung von Nachrichten.

protocol based protection: Protokoll-basierter Schutz.

provable secure operating system (PSOS): Mit Hilfe der hierarchical development methodology erstelltes Betriebssystem auf der Grundlage von capability-basierter Adressierung und hierarchischen Maschinen. Entwickelt von FACC und Honeywell. Wurde als SAT und dann als LOCK weitergeführt.

provisions against modification: Vorkehrungen gegen Veränderung.

proxy login: Log-in in ein System der IT über ein Netz oder einen Teil eines Netzes. Z.B. unter direkter Kopplung der „remote"-Identität des Subjekts mit einer ihr zugewiesenen „local"-Identität eines lokalen Subjekts.

pseudo-flaw: Scheinfehler. Vorgetäuschter Fehler, der zur Entdeckung von Eindringlingen eingebracht wurde.

public domain software: Auf dem Markt unentgeltlich erhältliche Software ohne urheberrechtlichen Schutz und ohne Garantie; für Datenträger und Kopieraufwand wird Kosterstattung erwartet. Im Gegensatz zu shareware.

public information: Offene, öffentliche Information. Information, die vereinbarungsgemäß öffentlich zugänglich ist. Vgl. freeware, public domain software.

public key: Ein Schlüssel eines Verschlüsselungsverfahrens, der nur zur Verschlüsselung benutzt werden kann und nicht zur Entschlüsselung; so daß dieser Schlüssel veröffentlicht werden kann z.B. in einer Art Telefonbuch. Eins der bekanntesten Verschlüsselungsverfahren dazu ist das RSA-Verfahren.

public key cipher: Verschlüsselungsverfahren mit (einem) öffentlich bekanntem Schlüssel (public key). Ein System, bei dem der Algorithmus und der Schlüssel zum Verschlüsseln - nicht jedoch der Schlüssel zum Entschlüsseln (secret key) - öffentlich bekannt sein kann. Synonym mit asymmetric key cipher.

public key cryptosystem: Verschlüsselungsverfahren mit offenem Schlüssel. Ein Verfahren, das mit öffentlich bekannten Schlüsseln (public key) und geheimen Schlüsseln (secret key) arbeitet.

public key distribution: Offene Schlüsselverteilung im public key cryptosystem.

public network: Öffentliches Netz.

public sector: Öffentliche Hand.

punishable act: Straftat.

purge: Löschen.

1. Überprüfung der Speicher auf nicht mehr benötigte Objekte.
2. Physisches Löschen, Überschreiben von Speicherbereichen oder das Rücksetzen des entsprechenden Inhaltsverzeichnisses (logisches Löschen).
3. Entfernen duplizierter Versionen eines Objekts.

Q

qualified product list (QPL): Liste empfohlener Produkte und Geräte. Z.B. degausser.

R

radiation: Abstrahlung. Synonym mit emanation.

radiation recording: Abstrahlungsaufzeichnung. Aufnehmen der Abstrahlung auf Datenträger.

random: Zufällig.

random check: Stichprobe.

random failure: Zufallsausfall.

rape: Zerstören von Daten. (hacker slang). Z.B. durch physisches Löschen.

ratings maintenance program (RAMP): Verfahren des NCSC zur Zertifizierung der jeweils aktuellen Version eines Systems der IT. Es besteht aus dem vendor security analyst und dem configuration management. Geprüft und bewertet werden die modifizierten und neuen Komponenten eines in seiner Gesamtheit bereits früher zertifizierten Systems eines trusted vendors.

real-time reaction: Realzeit-Reaktion. Reaktion auf einen Eindringversuch in Realzeit.

reasonableness check: Plausibilitätsprüfung. Logische Überprüfung von Daten auf Schlüssigkeit.

receipt notification: Empfangsbestätigung.

receipt status notification: Be-

R

nachrichtigung über den Empfangsstatus.

receiver: Empfänger.

recovery: Wiederherstellung. Wiederherstellen des ursprünglichen Systemzustands nach einem Fehler oder einem (erfolgreichen) Eindringversuch. Z.B. von Datenbeständen mit Hilfe einer Sicherungskopie.

red book: Umgangssprachlicher Ausdruck für die trusted network interpretations (TNI).

redundancy: Redundanz.

redundant security: Redundante Sicherheit.

red/black concept: Rot/Schwarz-Konzept. Logische Trennung der Komponenten eines Systems der IT, die Klartext verarbeiten (rot) von denen, die verschlüsselte Information (schwarz) verarbeiten.

reference monitor: Referenzmonitor. Teil einer TCB oder TNB, die die Zugriffskontrolle von Subjekten und Objekten unter Berücksichtigung einer Sicherheitspolitik abwickelt.

reference monitor concept: Referenzmonitor-Konzept. Ein Konzept der Zugriffskontrolle, das auf eine abstrakte Maschine zurückgeführt werden kann, die alle Zugriffe von Subjekten auf Objekte kontrolliert (und protokolliert).

registration: Registrierung.

regulation: Richtlinie.

release: Freigabe, freigeben.

release check: Versionskontrolle.

reliability: Zuverlässigkeit. Fähigkeit eines Systems der IT innerhalb vorgegebener Grenzen den durch den Verwendungszweck vorgegebenen Anforderungen zu genügen.

reliability flaw: Zuverlässigkeitsschwachstelle. Schwachstelle eines Systems der IT, die die Zuverlässigkeit beeinträchtigt.

reliance: Vertrauen.

remanence: Remanenz. Der Verbleib der Magnetisierung auf (ferromagnetischen) Datenträgern. Ein Sicherheitsrisiko, sofern der Datenträger nicht hinreichend stark gelöscht wurde; dieses Löschen kann auch durch mehrfaches Überschreiben erreicht werden.

replay: Wiedereinspielen. Wiedereinspielen eines aufgezeichneten und ggf. veränderten Kommunikationsinhalts (Nachricht) und Wieder-Einspeisen in einen Kanal des Systems als Ersatz für die Original-Nachricht oder als Wiederholung.

Angriffsverfahren auf ein System der IT. Es wird eine falsche Identität des Senders und eine falsche Authentizität der eingespeisten Nachricht vorgetäuscht.

repository: Behälter, Lager, Speicher.

repudiation: Rückweisung. Bestreiten der Beteiligung am Kommunikationsvorgang; z.B. durch eine Rückweisung vor dem Empfang der Nachrichten. Einfache Sabotage ohne die Möglichkeit der unberechtigten Kenntnisnahme von Daten und auch Spionage (z.B. Rückweisung der Bestätigung tatsächlich angeforderter und empfangener Nachrichten).

requirements: Anforderungen.

residue: Überbleibsel. Nicht mehr benötigte Speicherobjekte vor dem Löschen oder Überschreiben.

resilience: Fähigkeit der Hardware, Firmware oder Software beim Auftreten von Fehlern auf andere (redundante) Funktionseinheiten umzuschalten oder ein recovery durchzuführen.

resistance: Widerstand.

resource: Betriebsmittel. Ressourcen im weitesten Sinne wie Zeit, Daten, Prozesse, Speicherplatz etc. (Objekte).

resource access control (RAC): Implementierte discretionary access control für (alle) Geräte und ports.

Resource Access Control Facility (RACF): In der Version 1, Rel. 5 vom NCSC gemäß den TCSEC als add-on-software nach der Klasse C1 für das Betriebssystem OS/VS2 MVS 1.3.2 der Fa. IBM zertifizierte Zugriffskontrollsoftware der Fa. IBM.

resource protection: Betriebsmittelschutz.

responsible person: Verantwortlicher.

restoreable change: Rückführbare Änderung.

restricted access processor (RAP): Security guard. Forschungsprojekt von CSC und Sytek.

restricted area: Abgesicherter Bereich. Jeder Bereich, der Zugangsbeschränkungen unterliegt.

restricted environment (RE): Zugriffsbeschränkung. Die Zugriffsberechtigung eines Subjekts ist auf einen genau begrenzten Bereich von Objekten eingeschränkt.

restrictiveness: Sichtweise der Sicherheit eines Systems, bei dem ein System in sicherheitsrelevante Komponenten zerschlagen wird mit dem Ziel, das Gesamtsystem durch die Verifizierung der einzelnen Komponenten zu bewerten. Dieses Verfahren erscheint einfacher als das Gesamtsystem zu verifizieren. Dabei wird vorausgesetzt, daß das Gesamtsystem genau dann unter dem Aspekt einer Sicherheitspolitik als sicher angesehen werden kann, wenn jede

R

Komponente und das Zusammenwirken der Komponenten als sicher verifiziert werden konnte.

retention period: Gültigkeitszeitraum. Steuerung der Objekt-Freigabe über das Verfallsdatum bei Paßwörtern, Datenträgern etc. Synonym mit expiration date, validation period.

retrofitting: Nachbesserung. Nachträgliche, zusätzliche Verbesserung eines Systems der IT unter Sicherheitsaspekten. Vgl. add-on security.

reuse: Wiederverwendung, Wiederaufbereitung.

reveal: Offenbaren, enthüllen.

reverse engineering: Rückwärtskonstruktion. Entwicklung des Designs aus dem implementierten System der IT.

Z.B. Ableitung - und damit die Kenntnisnahme eines (geheimen) Hardware-implementierten Verschlüsselungsalgorithmus.

reversible change: Umkehrbare Änderung.

revocation of authorization: Widerruf der Berechtigung.

rewiring: Geräte-Manipulation. Durch zusätzliche Einbauten in die oder durch Umbau der Hardware wird eine Umgehung oder Durchdringung des Sicherheitssystems ermöglicht.

rewriting of inactive objects: Ein erneut aktiviertes Objekt erhält unabhängig von seinem früheren Zustand einen Anfangswert. Eine Regel des Feiertag-Modells.

rights database: Systemdatei mit den Zugriffsberechtigungen der Subjekte.

risk analysis: Risikoanalyse. Feststellung und Bewertung von Risiken.

risk assessment: Risikobewertung.

risk management: Risikomanagement. Besteht aus den folgenden fünf Stufen.

- risk analysis - Risikoanalyse,
- risk assessment - Risikofeststellung,
- management decision - Management-Entscheidung,
- implementation of measures - Implementierung von Maßnahmen,
- evaluation of measures and the remaining risk - Bewertung der Maßnahmen und des Restrisikos.

Rivest-Shamir-Adleman-Verfahren: Nach den Entwicklern benanntes Verschlüsselungsverfahren aus dem Bereich der public key cipher.

robustness: Robustheit.

role: Rolle. Funktion, in der eine Person mit einem System der IT verkehrt. Z.B. Datenbankadministrator, Nutzer, Sicherheitsbeauftragter.

routing control: Kontrolle der Nachrichten-Steuerung, Wegelenkung.

rugged: Robust. Anforderung an die Betriebssicherheit von Systemen der IT beim Betrieb unter - im Vergleich zum kommerziellen Betrieb - erschwerten Umweltbedingungen.

S

sabotage: Sabotage.

sabotage security: Sabotagesicherheit.

sabotage-proof: Sabotagesicher.

safeguard: Schutz, Schutzmaßnahme, Sicherungsmaßnahme, Sicherheitsvorkehrung.

safety: Sicherheit; Gefahrlosigkeit. Umgangssprachliche Nutzung.

safety from destruction: Sicherheit vor Zerstörung.

safety from disclosure: Sicherheit vor Kenntnisnahme.

salami attack: Angriffsverfahren mit der salami tactic. S. salami tactic.

salami swindle: Synonym mit salami technique.

salami tactic: Salamitaktik. Unberechtigte Kenntnisnahme oder Veränderung, Manipulation in sehr vielen zeitlich auseinander liegenden Einzelschritten.
Z.B. unberechtigte Gutschrift von Zinsen in Form von Pfennigbruchteilen zu Lasten des Berechtigten. Synonym french round-off, salami attack, salami technique oder salami swindle.

salami technique: Salamitechnik. Angriffsverfahren auf ein System der IT unter Anwendung der Salamitaktik.

salt: Anhängsel. Bezeichner zur Unterscheidung desselben Paßworts unterschiedlicher Benutzer. Z.B. durch Erweitern des Paßworts durch eine Zufallszahl auf der Basis der Uhrzeit.

sanitize: Löschen; von Daten auf temporär belegten Speichermedien mit dem Ziel eine unberechtigte Kenntnisnahme zu verhindern; insbesondere physisches Löschen.
Im Arbeitsspeicher eines Systems der IT bis hin zu peripheren Speichern mit Datenträgern können nach Abschluß eines Prozesses beabsichtigt oder unbeabsichtigt Daten verbleiben (z.B. in nur vorübergehend angelegten Arbeits-

S

bereichen), deren unberechtigte Kenntisnahme verhindert werden soll. Diese Bereiche müssen daher „gesäubert" werden.

Auch: Entfernen sensitiver Daten aus einer größeren Datenmenge vor deren Weitergabe.

scanning: Programmierte Suche. Systematische Suche nach Daten. Z.B. in Tabellen nach sensitiven Daten wie Paßwörtern.

scavenging: (Unberechtigtes) Suchen und Auswerten; von zurückgelassenen oder Rest-Daten und Überbleibseln mit dem Ziel der unberechtigten Kenntnisnahme.

Z.B. im Hauptspeicher beim Programm- oder Seitenwechsel, auf Datensicherungsbändern, in Dumps oder im Output aus dem Papierkorb.

SCOMP Kernel interface Package (SKIP): Emulator zur Abhandlung von UNIX-Systemaufrufen im SCOMP. Ursprünglich als Emulator für den gesamten UNIX-Wortschatz. Eigenname.

SCOMP trusted operating system (STOP): Vertrauenswürdiges d.h. als Rel. 2.1 vom NCSC gemäß den TCSEC für die Klasse A1 zertifiziertes Betriebssystem des SCOMP der Fa. Honeywell. Der Kernel genügt den Axiomen des Feiertag-Modells.

scrambling: Verschleiern. Daten gegen unberechtigte Kenntnisnahme durch Verändern sichern. Verschleiern kennzeichnet im Vergleich zu verschlüsseln (high grade) ein geringwertiges Verfahren (low grade) mit einem niedrigen Widerstandswert.

scrubbing: Löschen. Synonym mit sanitize.

seal: Siegel.

secondary failure: Folgeausfall.

secrecy: Geheimnis, Geheimhaltung, Geheimschutz.

secrecy policy: Eine Sicherheitspolitik, die sich auf die Verhinderung des unberechtigten Lesens von Daten beschränkt.

secrecy requirement: Geheimhaltungspflicht.

secret key: Geheimer Schlüssel; im public key-Verfahren.

secret key cipher: Verschlüsselung und Entschlüsselung werden mit demselben (geheimen) Schlüssel vorgenommen. Synonym mit symmetric key cipher.

secure access controller (SAC): Zugriffskontrollsystem (Software-Produkt) der Fa. Westinghouse Management Systems.

secure ada target (SAT): Nachfolgeentwicklung von PSOS; derzeit als LOCK in der Realisierung.

secure area: Sicherheitsbereich. Ein für die Be- und Verarbeitung und Aufbewahrung sensitiver Information freigegebener Bereich.

secure attention key (SAK): Implementierung eines trusted path z.B. in Secure XENIX und der compartmented mode workstation.

secure bridge: Sicherheitswächter; zwischen homogenen Netzen gleicher Sicherheitsstufe.

Secure Communication Processor (SCOMP): Vertrauenswürdiges - d. h. vom NCSC gemäß den TCSEC für die Klasse A1 zertifiziertes System der IT der Firma Honeywell auf der Basis des Level 6 Minicomputers mit dem Betriebssystem STOP (Eigenname). Das Betriebssystem wird auch als KSOS-6 bezeichnet. Für den SCOMP wurde der security protection module (SPM) entwickelt.

secure communication processor 2 (SCP2): Security guard. Entwickelt vom Royal Signal and Radar Establishment mit TSI und GEC auf Minicomputer-Basis GEC 4160. Ziel ist die Klasse B3 nach den TCSEC.

secure configuration management: Sicheres Konfigurationsmanagement. Maßnahmen und Verfahren zur Kontrolle von Hardware-, Firmware- und Software-Änderungen hinsichtlich ihrer Sicherheitsrelevanz, um ein Absinken des Sicherheitsniveaus zu verhindern.

secure data views (SeaView): Entwicklung eines multilevel secure database system, das für die Klasse A1 der TCSEC oder entsprechender interpretations (TDI) zertifiziert werden soll; beteiligt sind SRI Int. und Gemini Computers, Inc.

secure file server: Sicherer Dateirechner. Sicheres System der IT zur Dateiverarbeitung.

secure front end: Vertrauenswürdiger Teil eines Systems der IT, der als security filter wirkend, die Kommunikation mit anwendungsorientierten Teilen des Systems sicherstellt.

secure gateway: Sicherheitswächter; zwischen heterogenen Netzen unterschiedlicher Sicherheitsstufe.

secure operating system: Umgangssprachlich für trusted operating system.

secure print server: Sicherer Druckrechner oder -prozeß. Sicheres System der IT zur Druckausgabe.

secure socket (SS): Bidirektionaler Kanal zwischen Benutzer und trusted server (TS). Der secure socket trennt den Benutzer vom trusted server und übergibt dem server zur Identifizierung eine Benutzer-, Terminal-ID etc.

secure working area: Sicherheitsbereich. Ein zugelassener

S

(klassisch-materieller) Bereich für die Be- und Verarbeitung geheimhaltungsbedürftiger Informationen.

security: Sicherheit. Zustand eines Systems der IT, in dem

1. die gespeicherten und verarbeiteten Daten vor unberechtigter Kenntnisnahme entsprechend den Sicherheitsanforderungen angemessen geschützt sind (secrecy) und
2. sichergestellt ist, daß die geplanten Aufgaben des Systems korrekt erfüllt werden (integrity).

security administrator: Sicherheitsbeauftragter.

security alarm: Sicherheitsalarm. Aktivierung von Maßnahmen durch das Sicherheitssystem bei sicherheitsrelevanten Ereignissen. Z.B. übersenden eines entsprechenden Hinweises (Nachricht) an den Sicherheitsbeauftragten.

security analysis: Sicherheitsanalyse. Analyse eines Systems der IT bezüglich seiner sicherheitsrelevanten Eigenschaften.

security architecture: Sicherheitsarchitektur. Der sicherheitsrelevante Teil der Hardware-, Firmware- und Software-Architektur eines Systems der IT.

security attribute: Sicherheitsattribut. Informationseinheit, die die Bezeichnung des Geheimhaltungsgrads (security level) enthält. Synonym mit sensitivity level.

security audit: Sicherheitsüberprüfung. Überprüfen aller Sicherheitsaspekte auf Übereinstimmung mit einer festgelegten Sicherheitspolitik; sowie Beratung und Empfehlung angemessener Sicherheitsmaßnahmen, Kontrollverfahren oder auch von Verbesserungen in der Sicherheitspolitik.

security audit trail: Sicherheitsprotokoll. Eine chronologisch geordnete Datenmenge, die die sicherheitsrelevante Nutzung von Objekten (Ressourcen, Betriebsmitteln, Daten) durch Subjekte eines Systems der IT zu Beweiszwecken dokumentiert.

security auditor: Sicherheitsrevisor.

security awareness: Sensibilisierung für Sicherheitsfragen, Sicherheitsbewußtsein.

security concept: Sicherheitskonzept. Intuitives Sicherheitsmodell. Verbale Beschreibung eines Sicherheitsmodells.

security console: Sicherheitskonsole, Sicherheitsterminal.

security controls: Sicherheitskontrollen.

security coordinator: Sicherheitsbeauftragter. Synonym mit security manager.

security deadlock: Gegenseitige Blockierung von Prozessen aufgrund fehlender Synchronisierung des Zugriffskontrollsystems.

security directive: Sicherheitsanweisung.

security domain: Sicherheitsbereich. Menge der Systeme der IT eines secure distributed systems.

security elements: Sicherheitsmaßnahmen. Die Maßnahmen eines Sicherheitssystems eines Systems der IT. Dazu gehören organisatorische und technische Maßnahmen (z.B. Schlüssel, Schlösser, Paßwort-Verfahren, Verschlüsselungsverfahren, die Protokollierung der Benutzeraktivitäten und die Auswertung der Protokolle).

security enforcement: Durchsetzung des Sicherheitskonzepts.

security features: Sicherheitsmaßnahmen. Die Maßnahmen eines Systems der IT, die gemäß der Sicherheitspolitik sensitive Information schützen. Vgl. trusted functions.

security filter: Sicherheitsfilter. Teil eines Systems der IT, der - abgesetzt von dem Verarbeitungssystem - die Kommunikation mit einem anderen Teil des Systems mit unterschiedlichem Geheimhaltungsgrad kontrolliert. Unter Sicherheitsgesichtspunkten filtert er den Informationsfluß mit dem Ziel, eine unberechtigte Kenntnisnahme von Daten (insbesondere Lesen) aus dem System mit der höheren Sicherheitsstufe zu verhindern sowie - in umgekehrter Richtung - ein unberechtigtes Schreiben in das System mit der höheren Sicherheitsstufe zu verhindern.

security flaw: Sicherheitsschwachstelle. Sicherheitsrelevante Schwachstelle der Hardware, Firmware, Software - insbesondere im Betriebssystem.

security flow analysis: Informationsfluß-Analyse. Nicht-formale und nicht-prozedurale Art der Sicherheitsanalyse. Informationsflüsse zwischen Systemvariablen können durch Zuordnung von Sicherheitslevels geortet werden. Dadurch können verdeckte Kanäle identifiziert werden. Die Analyse kann auch unberechtigt als Angriff benutzt werden.

security guard: Sicherheitswächter. Teil eines Systems der IT, der - als security filter wirkend - die Kommunikation zwischen Systemen der IT unterschiedlichen Geheimhaltungsgrads korrekt sicherstellt. Z.B. FORSCOM, MFM, RAP, RECON, SCOMP, SCP2.

security guideline: Sicherheitsrichtlinie.

security incident: Sicherheitsrelevantes Ereignis. Ereignis, das die unberechtigte Kenntnisnahme von Information oder eine Dienstleistungsverhinderung zur Folge haben kann.

security instructions: Sicherheitsvorschriften.

security kernel: Sicherheitskern. Diejenigen Teile der Hardware, Firmware und Software einer vertrauenswürdigen Rechenbasis oder eines anderen vertrauenswürdigen Systems der IT oder eines seiner Teile, die das Konzept des Referenzmonitors implementieren und damit alle Zugriffe kontrollieren. Der Kern muß

- alle Zugriffe steuern und kontrollieren (Vollständigkeit),
- selbst gegen Manipulation gesichert sein (Isolierung) und
- als korrekt verifizierbar sein.

S. security kernel concept.

security kernel concept: Sicherheitskern-Konzept. Sicherheitskonzept auf der Basis des security kernels.

Dieses ist das bisher einzige Konzept, nach dem sichere Systeme der IT realisiert wurden. So das UCLA Data Secure Unix auf PDP 11/45 und 11/70, KVM als kernelized version des IBM VM/370 von SDC, KSOS von Ford Aerospace and Communications Corp. auf PDP 11/70, STOP auf SCOMP, einer Weiterentwicklung des Level 6 Minicomputers von Honeywell und GEMSOS von Gemini auf Intel iAPX 80286 Mikroprozessor.

security label: Sicherheitskennzeichen. Informationseinheit, die die Sicherheitsstufe (Geheimhaltungsgrad, Kategorie) eines Objekts enthält. Synonym mit sensitivity label.

security level: Sicherheitsstufe. Die Kombination von hierarchischer Klassifikation (Geheimhaltungsgrad) und nicht-hierarchischer Kategorie zur Bewertung von Objekten wie Daten unter Sicherheitsaspekten; bei Subjekten auch die Ermächtigung zum Zugriff auf Daten bestimmter Geheimhaltungsgrade und Kategorien. Vgl. sensitivity level.

security lock: Sicherheitsschloß.

security log: Sicherheitsprotokoll.

security maintenance: Pflege und Wartung der in Hardware, Firmware oder Software implementierten Sicherheitsverfahren.

security manager: Sicherheitsoffizier, Sicherheitsbeauftragter. Er ist zuständig für die ordnungsgemäße Durchführung aller Sicherheitsvorschriften.

security manual: Sicherheitshandbuch.

security matrix: Berechtigungsmatrix. Ein Konstrukt für die Darstellung der Subjekt-Objekt-Relation, d.h. die Zugriffsrechte der Subjekte bezüglich der Objekte. Die Implementierung der Matrix wird entweder nach ihren Spalten (access control list) oder nach den Zeilen (capability list) vorgenommen.

security measure: Sicherheitsmaßnahme. Sicherheitsmaßnahmen gliedern sich in personelle und materielle Maßnahmen.

security model: Sicherheitsmodell. Sicherheitsmodelle sind Beschreibungen der Sicherheitspolitik (security policy) für ein System der IT ohne Berücksichtigung anderer Eigenschaften als der formulierten sicherheitsrelevanten Funktionen oder einer Implementierung. Diese Beschreibungen können in einer natürlichen Sprache oder in formaler (formal security model) Weise erfolgen in Abhängigkeit von den Anforderungen an ein Modell hinsichtlich seiner Verifizierbarkeit - Übereinstimmung des Modells mit den Spezifikationen des Systems.

security officer (SO): Sicherheitsoffizier, Sicherheitsbeauftragter. Er ist zuständig für die ordnungsgemäße Durchführung aller Sicherheitsvorschriften. Synonym mit security manager.

security overhead: Verminderung des Durchsatzes eines Systems der IT infolge der eingesetzten Sicherheitsmaßnahmen.

security perimeter: Sicherheitsgrenze. Abgrenzung eines Bereichs für die Be- und Verarbeitung geheimhaltungsbedürftiger Information.

security policy: Sicherheitspolitik. Eine Menge von exakt formulierten Grundsätzen, Regeln, Anforderungen oder auch Verfahren in einem System (z.B. der IT oder auch einer Organisation) zum Schutz und zur Sicherung sensitiver oder geheimhaltungsbedürftiger Informationen; die - richtig implementiert - potentielle Bedrohungen gegen mögliche Schwachstellen nicht wirksam werden läßt.

security policy model: Modell einer Sicherheitspolitik. Darstellung einer formalen Sicherheitspolitik oder ihrer funktionalen Anforderungen.

security procedure: Sicherheitsmaßnahme.

security program: Sicherheitsprogramm. Vorgehensweise zur Gewährleistung von Sicherheit. Ein vollständiges Sicherheitsprogramm setzt sich aus den folgenden Komponenten zusammen.

- personnel security (PERSEC) - personelle Sicherheit,
- information security (INFOSEC) - Informationssicherheit,
- communications security (COMSEC) - Fernmeldesicherheit,
- computer security (COMPUSEC) - DV-Sicherheit,
- emanations security (EMSEC) - Abstrahlungssicherheit,
- physical security (PHYSEC) - klassisch-materielle Sicherheit,
- operations security (OPSEC) - Betriebssicherheit.

S

security protection module (SPM): Hardware Box des SCOMP zur Aufnahme des mit SPECIAL spezifizierten und entwickelten Sicherheitskerns des Betriebssystems STOP; der Sicherheitskern wurde mit tools von SRI entwickelt.

security rating: Bewertung der Sicherheit.

security regulation: Sicherheitsrichtlinie, Sicherheitsvorschrift.

security relevant event: Sicherheitsrelevantes Ereignis. Ereignisse, die den Sicherheitszustand eines Systems der IT verändern oder dessen Sicherheitspolitik verletzen können.

security requirements: Sicherheitsanforderungen.

security requirements specification: Spezifizieren der Sicherheitsanforderungen .

security software: Sicherheitssoftware. Umgangssprachliche Bezeichnung für ein implementiertes Sicherheitssystem; meist als add-on software.

security standard: Sicherheitsvorschrift, Sicherheitsstandard.

security subsystem: Sicherheits-Teilsystem.

security tables: Sicherheitsrelevante Tabellen. Alle Tabellen des Zugriffskontrollsystems, die Informationen zur Zugriffsberechtigung enthalten.

security technique: Sicherheitsverfahren.

security terminal: Sicherheitsterminal. Terminal des Sicherheitsbeauftragten zur Überwachung eines Systems der IT.

security test and evaluation (ST&E): Sicherheitsprüfung und -bewertung. Prüfung und Analyse der Sicherheitsmaßnahmen eines Systems der IT und die Bewertung hinsichtlich des Sicherheitsniveaus im Hinblick auf die accreditation.

security testing: Sicherheitsprüfung. Überprüfen des implementierten Sicherheitssystems hinsichtlich seiner Übereinstimmung mit dem Design und seines angemessenen Sicherheitsniveaus für die vorgesehene Anwendungsumgebung durch functional testing, penetration testing, verification etc. Die Methode kann auch unberechtigt als Angriff benutzt werden.

security validation: Sicherheitsvalidierung. Nachweis, daß die Sicherheitseinrichtungen entsprechend den Forderungen funktionieren.

security verification: Sicherheitsverifizierung. Verifizierung der Sicherheitsmechanismen; Beweisführung, daß das System den Sicherheitsspezifikationen genügt.

security violation: Sicherheitsverletzung. Verletzung des Sicherheitssystems eines Systems der IT: Erfolgreicher Angriff auf ein System der IT, der zur unberechtigten Kenntnisnahme von Daten führt.

security-compliant channel: Sicherheitsrelevanter Kanal. Ein Kanal, dem als alleiniger Komponente eines Systems der IT die Realisierung einer Netzwerk-Sicherheitspolitik obliegt.

seepage: Unabsichtlicher Informationsfluß zu unberechtigten Subjekten.

segregation of duties: Funktionstrennung. Synonym mit separation of duties.

selective routing: Wegewahl.

semantic checker: Semantikprüfer. Programm zur inhaltlichen Prüfung auf Übereinstimmung der Anforderungen mit dem entsprechenden implementierten Programmtext.

sensitive: Geheimhaltungsbedürftig, sensitiv, vertraulich.

sensitive area: Sensitiver Bereich. Der Bereich umfaßt alle schutzwürdigen Aspekte wie Personen, organisatorische Strukturen, Hardware, Firmware und Software. Dazu gehört also die gesamte Umgebung - inklusive der weitergegebenen Software, in der Angriffsverfahren (und Fehler) enthalten sein können (vgl. public domain software). Schutzwürdig ist daher diese gesamte Umgebung und nicht nur Teilbereiche.

sensitive compartmented information: S. compartmented information.

sensitive data: Sensitive und daher schutzbedürftige Daten. Von der Bedeutung oder dem Wert der Daten her sind sie i. allg. unterhalb der geheimhaltungsbedürftigen Daten anzusiedeln; der Begriff sensitiv kann auch die geheimhaltungsbedürftigen umfassen.

sensitive information: Sensitive Information. Information, die wegen des Risikos der unberechtigten Kenntnisnahme, der Manipulation oder des Verlusts, geschützt oder gesichert werden muß.

Die Festlegung, welche Information als sensitiv anzusehen und zu behandeln ist, muß eine definierte Einheit innerhalb einer Organisation treffen; sie muß Teil der Sicherheitspolitik der Organisation sein.

sensitive unclassified information: Sensitive aber nicht in einen Geheimhaltungsgrad und eine Kategorie eingestufte Information.

Information, die zwar keinerlei formaler Geheimhaltung (Geheimhaltungsgrad, Kategorie) unterliegt, die aber gleichwohl vor Kenntnisnahme geschützt werden muß.

S

sensitivity: Vertraulichkeit, Sensitivität, Empfindlichkeit. Eigenschaft von Daten hinsichtlich ihrer Sicherheitsempfindlichkeit und der Grund für ihre Schutzbedürftigkeit und ihre eventuelle Einstufung in einen Geheimhaltungsgrad und eine Kategorie.

sensitivity indication: Anzeige der Vertraulichkeit, der Sensitivität. Synonym mit security label.

sensitivity label: Sensitivitätskennzeichen. Informationseinheit, die die Sicherheitsstufe (Geheimhaltungsgrad, Kategorie) eines Objekts enthält.

sensitivity level: Sensitivitätsstufe. Bewertung der Vertraulichkeit von Daten. Vgl. security level.

sensitivity marking: Physisches Sensitivitätskennzeichen.

sensitivity scale: Sensitivitätsskala. Eine Skala, nach der die Daten entsprechend ihrer Sensitivität eingestuft werden. Vgl. classification für geheimhaltungsbedürftige Daten.

sensitivity tag: Sensitivitätsmarke, Sensitivitätskennzeichen. Eine Markierung der Daten, die den Sensitivitätsgrad der Daten bezeichnet. Dies kann auch hardwaremäßig durch die Speicherarchitektur unterstützt werden. Vgl. sensitivity label.

separation: Abschottung.

separation of duties: Funktionstrennung. Ein Prinzip, das die Teilung der Verantwortung für Informationen beinhaltet, so daß eine eventuelle Verletzung der Sicherheitspolitik nicht ein ganzes Projekt bloßstellen würde. Synonym mit segregation of duties. Vgl. need-to know.

sequence control: Kontrolle der Reihenfolge. Überprüfung der korrekten Reihenfolge eintreffender Nachrichten.

sequence count: Zähler zur Prüfung der korrekten Reihenfolge von Nachrichten.

serial mode: Serieller Betrieb.

server: Dienstleistungssystem der IT; Server. In komplexen Systemen der IT (z.B. Netzen) werden ausgewählte Aufgaben nicht dezentral abgewickelt, sondern (auch aus Sicherheitsgründen) in Funktionseinheiten für das gesamte System zusammengefaßt (server). So dienen z.B. authentication server der zentralisierten Authentisierung und Authentifizierung von Subjekten.

service machine: Service-Prozeß. Unterhalb der Benutzeroberfläche agierendes Subjekt, ein Systemprozeß. Synonym mit daemon, internal subject.

session key: Ein nur begrenzte Zeit gültiger Schlüssel; z.B. für eine session. Dieser session key wird i.allg. in einem System der IT übertragen unter Verschlüsselung durch einen anderen Schlüssel.

shadow database: Beschreibende Datenbank. Eine zu einer Datenbank parallel geführte Datenbank, die Information enthält, die die Daten der ersten beschreibt, wie z.B. den jeweiligen Geheimhaltungsgrad oder Prüfsummen zur Integritätskontrolle.

shareware: Software, die gegen ein geringes Entgelt mit eingeschränktem Funktionsumfang zum Test zur Verfügung gestellt wird. Der gesamte Miet- oder Kaufpreis wird erst dann fällig, wenn die Software mit dem vollen Funktionsumfang zur Verfügung gestellt werden soll.

shared resource matrix (SRM): Rechnergestütztes Verfahren zur funktionalen Analyse der Spezifikationen zur Erkennung von covert channels.

shielded cable: Abgeschirmtes Kabel. Ein gegen Abstrahlung und Einstrahlung elektromagnetischer Wellen geschütztes Kabel.

shoulder surfing: Unberechtigte und verdeckte Kenntnisnahme von Daten durch einfache Einsichtnahme. Z.B. Kenntnisnahme eines fremden Paßworts bei „zufälligem" Blick über die Schulter des Berechtigten auf den Bildschirm.

side effect: Nebeneffekt.

signal mutilation: Signalverstümmelung.

signature dynamics identification: Erkennung der Unterschriftsdynamik.

signature identification: Unterschriftserkennung.

simple authentication: Einfache Authentifizierung. Umgangssprachlich für Identifizierung. Z.B. unter Benutzung von Paßwörtern.

simple integrity (property): Einfache Integritätseigenschaft. Eine Hauptregel des integrity security models, die einem Subjekt die Zugriffsberechtigung „schreiben" nur unter der Voraussetzung erteilt, daß das integrity level des Subjekts höher als das des Objekts ist.

simple security condition: Synonym mit simple security property.

simple security property: Einfache Sicherheitseigenschaft. Eine Hauptregel des Bell-LaPadula-Modells und davon abgeleiteter Modelle, die einem Subjekt die Zugriffsberechtigung „lesen" nur unter der Voraussetzung erteilt, daß das security level des Subjekts das des Objekts dominiert.

Das Subjekt kann innerhalb eines hierarchischen Einstufungs-Regelwerks nur auf derselben Ebene oder abwärts aber nicht aufwärts lesen. Vgl. Bell-LaPadula model, multilevel security, star-property.

S

simulation: Synonym mit masquerading.

single entity authentication: Sicherheitsverfahren zur Authentifizierung eines (einzelnen) Objekts.

single-level device: Einstufiges Gerät. Ein Gerät, das nur Objekte eines einzigen Geheimhaltungsgrades verarbeiten kann. Es existiert keine Anforderung an das Gerät hinsichtlich der Abschottung von Objekten gegeneinander und zur Verarbeitung von Sicherheitskennzeichen der Objekte.

single-level security mode: Einstufen-Betrieb. Einstufige Betriebsart eines Systems der IT, in der zu jeder Zeit nur Objekte eines einzigen security levels verarbeitet werden.

Da diese Betriebsart insofern nicht vertrauenswürdig sein muß, als Daten unterschiedlicher security levels gegeneinander abgeschottet werden müssen, brauchen auch keine sensitivity labels gespeichert und verarbeitet zu werden. Vgl. dedicated security mode.

smart card: Funktionseinheit, Token (in Scheck- oder Kreditkartengröße) mit Mikroprozessor und Speicher zur Aufnahme von Algorithmen, Schlüsseln und zu ihrer Verarbeitung sowie eines Ein-/Ausgabe-Interfaces zur maschinellen Lesbarkeit zum Zweck der Identifizierung oder auch Authentisierung. Ggf. auch mit Tastatur zur Eingabe einer PIN. Synonym mit active card, chip card, intelligent token.

smart card algorithm 1985 (SCA 85): Symmetrisches Schlüsselverfahren für Scheck- und Kreditkarten.

snarf: Unberechtigter Zugriff; auf ein insbesondere großes Dokument oder eine große Datei. (hacker slang).

snooping: Schnüffeln, herumspionieren. Absichtliches Suchen nach Daten.

social engineering: Informelles Verfahren zur unberechtigten Kenntnisnahme sensitiver Daten mit Hilfe „sozialer" Maßnahmen. Z.B. das Ausfragen verärgerter Mitarbeiter beim Thekengespräch nach Paßwörtern.

software piracy: Softwarediebstahl. S. piracy

software security: Software-Sicherheit. Routinen und Programme zur Absicherung von Daten.

source: Quelle, Ursprung.

source coding: Quellcodierung.

source program: Quellprogramm.

SPECIAL: Spezifikationssprache der HDM. Eigenname. Entwickelt von SRI.

specification: Spezifikation, Formulierung.

specification language: Formale Spezifikationssprache. Formale Notation; hier zur funktionalen Spezifikation von sicherheitsrelevanten Systemeigenschaften. Z.B. die formalen Sprachen GYPSY, Ina Jo, SPECIAL sowie die zu demselben Zweck benutzten formalen Sprachen Euclid, Ada, Pascal.

specification processor: Spezifikationsprozessor.

specification/verification process: Spezifikations-/Verifikationsprozeß.

specification/verification system: Spezifikations-/Verifikationssystem. Es besteht aus den folgenden Funktionseinheiten.

- specification processor - Spezifikationsprozessor, aus den Spezifikationen werden mathematische Sätze abgeleitet.
- verification condition generator (VCG) - Generator der Verifikationsbedingungen und dem
- theorem prover - Beweisprozessor zum rechnergestützten Beweisen der Übereinstimmung von Spezifikationen und den Verifikationsbedingungen.

Methoden und Verfahren sind z.B. AFFIRM, FDM, Gypsy, HDM.

speech identification: Spracherkennung.

Spice: Verteiltes Betriebssystem. Entwickelt von der Carnegie-Mellon University (CMU).

spoofing: Absichtliche Täuschung. Unberechtigte Aktivitäten, die zur Vorbereitung von Angriffen dienen.

Z.B. Simulierung einer trusted computing base durch ein unberechtigtes Anwendungsprogramm, um ein Paßwort zu ergattern oder Abhören einer Leitung und späteres replay, um ein berechtigtes Terminal zu simulieren.

spray paint: Verschleierungsverfahren mit dem Ziel der veränderungsfreien (ohne Kennzeichnung) Speicherung von Daten in einer Datenbank. „Verstecken" einer kleinen Menge sensitiver Daten in einer großen Menge nicht-sensitiver Daten.

spurious association initiation: Unberechtigte Einleitung (zusätzlicher) Nachrichten. Angriffe können mit den folgenden Taktiken geführt werden.

- Aufbau einer Kommunikationsverbindung unter falscher Identität oder
- Wiederholung eines früheren (berechtigten) Aufbaus einer Kommunikationsverbindung. Z.B. play back.

spurious traffic generation: Störverkehr. Erzeugen falscher Kommunikationsvorgänge. Einfache Sabotage ohne die Möglichkeit der unberechtigten Kenntnisnahme von Daten.

S

stand-alone-Betrieb: Betriebsform eines Systems der IT, bei der die Konfiguration keine Anschlüsse an dezentrale Terminals, local oder wide area networks besitzt.

stand-by system: Reservesystem.

Stanford Pascal verifier: Verifikationsverfahren. Es enthält insbesondere die folgenden Funktionseinheiten.

- verification condition generator und
- theorem prover.

Entwickelt vom Stanford Artificial Intelligence Laboratory.

star-property (*-property): Rangeigenschaft. Eine Regel des Bell-LaPadula-Modells, die einem Subjekt die Zugriffsberechtigung „schreiben" nur unter der Voraussetzung erteilt, daß das security level des Subjekts von dem des Objekts dominiert wird. Das Subjekt kann innerhalb eines hierarchischen Einstufungs-Regelwerks nur auf derselben Ebene oder aufwärts also nicht abwärts schreiben. Synonym mit confinement property. Vgl. Bell-LaPadula model, multilevel security, simple security property.

star-security principle: Prinzip der Rangeigenschaft.

state delta verification system (SDVS): Verifikationssystem mit dem Ziel der Verifikation von Programmen bis auf code level. Entwickelt von der Aerospace Corp.

state transition model: Zustandsmodell. Sicherheitsmodell. Z.B. Bell-LaPadula-Modell.

statement testing: Statement-Prüfung. Testmethode zur Erkennung nicht-benutzter Statements.

state-machine model: Zustandsmodell. Sicherheitsmodell auf der Grundlage der Automatentheorie.

statute law: Geschriebenes Recht. Z.B. sind die TCSEC grundsätzlich und bewußt interpretierbar gehalten - ihr Verständnis wandelt sich also mit dem Verständnis der Sicherheitsprobleme und -lösungsmöglichkeiten im Bereich der Informationstechnik. Die TCSEC stellen daher statute law dar. Im Gegensatz zu case law.

steganography: Steganographie. Wissenschaft von der Verschleierung der Information durch chemische und physikalische Hilfsmittel. Verfahren aus dem klassisch-materiellen Bereich.

storage channel: Speicherkanal. Arbeitsbereiche und shared variables können zur unberechtigten Weitergabe von Informationen genutzt werden.

storage object: Speicherobjekt. Ein Objekt, das gelesen und geschrieben werden kann.

storage protection: Speicherschutz. Hard- und softwaremäßige Sicherheitsmaßnahmen zur Verhinderung des unberechtigten Zugriffs auf Speicherbereiche.

storage protection key: Speicherschutzschlüssel.

straggler: Unberechtigte Verzögerung oder Vervielfältigung (von Nachrichten).

stream cipher: Kontinuierliche Chiffre. Kontinuierliche Verschlüsselung. Chiffre, die durch sequentielle Anwendung des kryptographischen Algorithmus mit einem Bit-Strom als Schlüssel auf einzelne Datenelemente und nicht auf ganze Datenblöcke erzeugt wird. Vgl. Vernam cipher.

stream encipherment: Kryptographisches Verfahren zur Erzeugung kontinuierlicher Chiffren. S. stream cipher.

strength: Widerstandsfähigkeit.

strength of mechanism: Ziel-Erreichungsgrad. Dieser Aspekt bezieht sich auf die Qualität der Verfahren, wie gut sie das gesetzte Ziel erreichen.

stress testing: Überlastungstest.

strong authentication: Authentisierung. Diese wird mit kryptographisch gesicherten credentials vorgenommen.

subject: Subjekt. Eine aktive Einheit (Benutzer, Prozeß, Gerät) in einem System der IT, die einen Informationsfluß zwischen Objekten oder einen Wechsel des Systemstatus veranlaßt. Ein Subjekt kann als Objekt genutzt werden.

subject indication: Anzeige des Betreffs.

subject security level: Ermächtigungsgrad (eines Subjekts). Der Ermächtigungsgrad wird auf der Grundlage einer Überprüfung des Subjekts festgelegt. Der Ermächtigungsgrad eines Subjekts muß dem Geheimhaltungsgrad des verarbeiteten Objekts entsprechen, auf das zugegriffen wird.

subject sensitivity label: Subjekt-Sensitivitätskennzeichen. Bezeichner eines Subjekts hinsichtlich dessen Ermächtigung - und damit seiner Berechtigungen.

subversion: Subversion. Verdeckter methodischer Angriff auf das Sicherheitssystem eines Systems der IT mit dem Ziel des unbefugten und nicht-erkennbaren Zugriffs auf Objekte.

superencipherment: Überschlüsselung. Synonym mit multiple encryption, superencryption.

superencryption: Überschlüsselung. Zusätzliche Verschlüsselung eines Schlüsseltextes mit dem Ziel, den Widerstandswert zu erhöhen. Synonym mit multiple encryption, superencipherment.

superzap, superzapping: Verändern von Daten mit dem Ziel,

S

einen Angriff gegen das System der IT zu führen.

Z.B. verändern des in Maschinencode auf einem Datenträger gespeicherten Betriebssystems mit dem Ziel des späteren leichteren Eindringens in das Informationssystem. Der Begriff ist abgeleitet von dem Namen eines Herstellerspezifischen Dienstprogramms.

surveillance: Aufsicht, Beobachtung, Überwachung.

surveillance authority: Überwachungsinstanz.

susceptibility: Schwachstelle, Anfälligkeit, Empfindlichkeit. Wahrscheinlichkeit der Ausnutzung von Schwachstellen eines Systems der IT durch Bedrohungen.

sustainability: Dauerhaftigkeit. Sicherheitsmaßnahmen werden im Laufe der Zeit ausgetauscht, ersetzt oder weggelassen - ohne daß dies in jedem Einzelfall dokumentiert wird. Die Eigenschaft der Dauerhaftigkeit soll dies vermeiden.

sweep: Säubern. Vgl. sanitize.

swindler: Betrüger.

switched connection: Wählverbindung.

switched line: Wählleitung. Synonym mit dial-up line. Im Gegensatz zu dedicated line, leased line, non-switched line.

switcheroo: Angriffsverfahren, bei dem zwischen berechtigtem Verhalten und unberechtigtem gewechselt wird, um nicht erkannt zu werden. (hacker slang).

Z.B. probiert ein Zugriffsberechtigter Paßwörter aus, um Daten Dritter, zu denen er keine Zugriffsberechtigung besitzt, zur Kenntnis nehmen zu können. Nach zweimaligem Ausprobieren von Paßwörtern benutzt er sein eigenes, legales, um gegen ihn gerichtete Konsequenzen des Sicherheitssystems zu vermeiden.

symmetric algorithm: Symmetrischer Algorithmus. Algorithmus symmetrischer Verschlüsselungsverfahren. Z.B. DES.

symmetric key cipher: Verschlüsselung und Entschlüsselung werden mit demselben (geheimen) Schlüssel vorgenommen. Z.B. DES. Synonym mit secret key cipher.

syntax checker: Syntaxprüfer. Programm zur Prüfung eines Programmtextes auf korrekte Verwendung der Syntax der benutzten Programmiersprache.

system accuracy: Fehlerfreiheit des Systems bezüglich der Ausführung; Genauigkeit.

system call: Systemaufruf.

system crash: Systemzusammenbruch. Insbesondere der Ausfall des Betriebssystems eines Systems der IT.

system glitch: Systemabweichung. Abweichung von dem normalen Ablauf eines Systems.

system high: Höchststufe.

system high security mode: Höchststufen-Betrieb. Vertrauenswürdige Betriebsart eines Systems der IT bei der sich alle Sicherheitsmaßnahmen an dem höchsten Geheimhaltungsgrad der im System vorhandenen Objekte orientieren. Alle Subjekte sind daher auch für den höchsten Grad der im System vorhandenen Objekte zu überprüfen und zu ermächtigen - in jedem Fall auch dann, wenn sie im Einzelfall (bei fehlendem need-to-know) nicht mit diesen Objekten arbeiten. Vgl. compartmented security mode, controlled security mode, dedicated security mode, multilevel security mode.

system integrity: Systemintegrität. Systemzustand, in dem die korrekte Funktionsweise von Hardware- oder Software-Funktionen der Elemente einer vertrauenswürdigen Rechenbasis, eines vertrauenswürdigen Systems der IT oder eines seiner Teile sichergestellt ist und periodisch inklusive der Daten-Integrität überprüft werden kann. S. integrity.

system low: Niedrigststufe. Das niedrigste Sicherheitsniveau, das von einem System der IT zu einem bestimmten Zeitpunkt in einer bestimmten Umgebung unterstützt wird.

system security officer (SSO): S. security officer.

T

tag: Aufkleber, Markierung. Bei Funktionseinheiten und Geräten, die sensitive Daten verarbeiten.

tagged architecture: Markierte Speicherarchitektur. Eine Speicherarchitektur, die Bereiche für Bezeichner zur Verfügung stellt und bei der die (Daten-) Elemente bezüglich ihrer Zugehörigkeit zu einem bestimmten (Daten-)Typ selbstidentifizierend wirken. Z.B. Bezeichner von Objekten mit zugehöriger Zugriffsberechtigung; die Objekte können dadurch hinsichtlich ihrer Sensitivität markiert werden.

take grant model: Sicherheitsmodell aus der Klasse der Zugriffsmatrizenmodelle (access matrix models), das auf graphentheoretischen Überlegungen beruht.

talk mode: S. com mode.

tamper proof: Einbruchssicher. Der Begriff kennzeichnet sowohl die physische als auch die logische Einbruchssicherheit.

tamper resistance: Widerstandsfähigkeit gegen Eindringversuche.

tapping: Anzapfen, Abzweigen, Abhören.

technical vulnerability: Technische Schwachstelle, Verwundbarkeit; der Hard-, Soft- oder Firmware, die ein Eindringen in das System der IT ermöglicht. S. vulnerability.

technological attack: Technologischer Angriff. Ein Angriff, bei dem mit technischen Mitteln gearbeitet wird; er beruht also auf Umgehung oder Ausschaltung der hard-, firm- oder softwaremäßigen Zugriffsmechanismen des Sicherheitssystems und nicht auf der Beeinflussung oder der Mitwirkung des Personals oder der Benutzer. Vgl. intelligent attack.

teleprocessing security: Umgangssprachliche Formulierung der Begriffe communication security und network security.

temporary emission and spurious transmission (TEMPEST): S. Abstrahlsicherheit. Der Begriff kennzeichnet die Tatsache, daß elektrische und elektronische Geräte elektromagnetische (und akustische und optische) Signale aussenden (Abstrahlung), die Hinweise auf die in den Geräten verarbeiteten Daten geben und damit eine unberechtigte Kenntnisnahme dieser Daten ermöglichen können. Der Begriff umfaßt auch die Aufnahme und die Auswertung dieser Signale; er wird auch im Sinne von abstrahlungsfrei benutzt.

theft: Diebstahl.

theorem prover: Beweisprozessor. Rechnergestütztes Verfahren zum Beweis der Übereinstimmung von Spezifikationen und Verifikationsbedingen.

theoretically secure: Synonym mit unconditionally secure.

thrashing: Zusammenbrechen (lassen). Der durch einen Benutzerprozeß absichtlich verursachte Systemzusammenbruch. Z.B. um durch den Speicherauszug zu geschützten Informationen zu gelangen oder auch um die Verarbeitung des Kontrollprogramms am Wiederanlaufpunkt (checkpoint) mit inzwischen benutzerseitig modifizierten Kontrollinformationen wiederaufnehmen zu lassen.

Auch: Ungewollter Systemzusammenbruch durch Überbeanspruchung von Betriebsmitteln.

threat: Bedrohung. Es können zwei grundlegende Bedrohungen identifiziert werden.

1. Unauthorized disclosure - unberechtigte Kenntnisnahme von Objekten (Spionage) und
2. integrity violation - unberechtigte Änderung (integrity) und Miß-

brauch (denial of service) von Objekten (Sabotage).

threat agents: Ereignisse, die zur Aufdeckung von Schwachstellen eines Systems der IT benutzt werden können.

threat analysis: Bedrohungsanalyse. Feststellung aller möglichen Bedrohungen, die sich gegen ein System der IT richten können.

threat evaluation: Bedrohungsbewertung. Bewertung der Häufigkeit der Bedrohungen; dies schließt eine Bedrohungsanalyse ein.

threat monitoring: Überwachung von Eindringversuchen.

thread/vulnerability merger: Empfindlichkeitsbewertung. Bewertung der Empfindlichkeit eines Systems der IT unter Berücksichtigung von Bedrohungen und Schwachstellen.

ticket oriented access control: Zugriffskontrollsystem, das zu jedem berechtigten Subjekt eine Liste der Objekte führt, auf die das Subjekt zugreifen darf. Vgl. list-oriented access control.

tied account: Eingeschränkter Zugriff; eingeschränkte Funktionalität. Synonym mit captive account, turnkey account.

tiger team: Penetrationsteam. Hardware- und Software-Spezialisten zur (meist als unsystematisch bezeichneten) Schwachstellenanalyse eines Systems der IT durch Nachbildung aller möglichen Angriffsverfahren.

Ein Folge-Risiko liegt in den beim tiger team angesammelten Kenntnissen über die Schwachstellen und die Angriffserfahrungen.

time bomb: Zeitbombe. Spezielle Form der logischen Bombe, die über ein Zeitereignis aktiviert wird.

time ledge: Ablaufdatum.

time of check/time of use (TOC/-TOU): Synonym mit asynchronous attack.

time-dependent password: Zeitabhängiges Paßwort. Ein Paßwort, das nur während eines vereinbarten Zeitabschnitts gültig ist.

time-out: Zeitsperre. Abschalten bei Zeitüberschreitung.

time stamp: Ergänzung einer Nachricht durch den Zeitpunkt ihrer Generierung, ggf. ergänzt durch das Datum. S. date stamp.

toggle: Schalter. Physischer oder logischer Schalter mit i.allg. zwei Zuständen.

token: Funktionseinheit, Marke, Merkmal. Einheit die einem Subjekt gehört (Benutzer, Eigentümer) zu seiner Identifizierung oder Authentifizierung.

Im klassischen Sinne der Schlüssel einer Person. I. allg. aber benutzt als Bezeichnung für Prozessor- und Speicher-bestückte

Karten ggf. mit Eingabetastatur, abgespeichertem Schlüssel zur Verschlüsselung der zu übertragenden Daten und genormtem Interface zur Datenübertragung. Diese Einheit wird durch die Eingabe einer PIN aktiviert. S. chip card.

top secret: Streng geheim. Hoher Geheimhaltungsgrad.

Top Secret: Zugriffskontrollsoftware (Eigenname) der Fa. CGA Software Products group. In der Version V 3.0 für das Betriebssystem OS/VS2 MVS der IBM vom NCSC zertifiziert auf der Grundlage der TCSEC als add-on software nach Klasse C2.

top-level specification (TLS): Grobspezifikation, Funktionsspezifikation. Eine nicht-prozedurale Beschreibung des Verhaltens eines Systems oder eines Systemteils der IT auf höchstem Abstraktionsniveau. Typischerweise eine funktionelle Spezifikation, die alle Implementierungsdetails wegläßt.

total isolation: Totale Isolierung. Eine Regel des Abdichtens (gegen covert channels). Ein Programm soll keine anderen Programme aufrufen. Vgl. confinement.

traffic analysis: Verkehrsanalyse. Kenntnisnahme und Auswertung von Informationen zur Kommunikation zwischen Einheiten. Z.B. Absender- und Empfängerdaten, Länge der Nachrichten, das Nachrichtenvolumen sowie die Häufigkeit und der Zeitpunkt des Nachrichtenaustauschs mit den Nachrichtenformaten. Aus der Analyse dieser Daten können selbst bei verschlüsselter Nachricht unberechtigte Erkenntnisse gewonnen werden.

Z.B. Auswerten von Protokolldaten, die Informationen über Art, Umfang, Häufigkeit, Richtung, Auftreten bzw. Nichtauftreten von Kommunikation zu bestimmten Zeiten beinhalten. Angriffsziel können z.B. die Ebenen 3 und 4 des ISO Schichtenmodells sein; aber auch die Schicht 7 zur Analyse der übertragenen Anwenderdaten.

traffic confidentiality: Vertraulichkeit des Datenverkehrs. S. traffic flow confidentiality.

traffic flow analysis: Verkehrsflußanalyse. S. traffic analysis.

traffic flow confidentiality: Vertraulichkeit des Verkehrsflusses. Vertraulichkeit des Nachrichtenverkehrs. Eigenschaft eines Verkehrssystems, daß nur berechtigten Subjekten bestimmte Objekte verfügbar gemacht werden und unberechtigten Subjekten der Zugriff auf Objekte verwehrt wird. Ein network security service der TNI.

traffic flow security: Informationsfluß-Sicherheit. Sichere Datenübertragung, die eine traffic analysis nicht zuläßt indem z.B.

die Übertragungsleitung ständig - ggf. mit Fülldaten - beschickt wird oder Absender- und Empfängeradressen zusätzlich zu den Nutzdaten verschlüsselt werden.

traffic padding: Ergänzen von Fülldaten. Füllen der Lücken in einer Verkehrsverbindung mit Fülldaten zur Erschwerung einer traffic analysis.

tranquility principle: Sicherheitsprinzip, nach dem die Sicherheitsstufe eines Objekts nicht durch ein Subjekt geändert werden kann. Ein Axiom des Feiertag-Modells.

transformation procedure (TP): Vertrauenswürdige Funktion im Clark-Wilson integrity model zum Zugriff auf vertrauenswürdige Daten.

transitive closure: Prozeß der shared resource matrix.

transitivity: Transitivität. Eine Regel des Abdichtens (gegen covert channels). Ruft ein abgedichtetes Programm ein anderes nicht-vertrauenswürdiges Programm auf, so muß dieses ebenfalls abgedichtet werden.

transmission security (TRANSEC): Übertragungssicherheit. Teil der communication security, der ausschließlich die

- klassisch-materiellen Maßnahmen zur Absicherung des Übertragungswegs umfaßt sowie die
- Verschlüsselung der übertragenen Daten.

Es werden die folgenden Angriffe auf die Übertragungssicherheit unterschieden.

- message disclosure - Kenntnisnahme von Nachrichten,
- message modification - Nachrichtenveränderung,
- message insertion - Einfügen einer Nachricht,
- message destruction - Zerstören einer Nachricht,
- message replay - Wiederholen einer Nachricht.

transmitter: Sender.

trap: Unterbrechung.

trap door: Falltür. Verdeckt implantierte Folge von Instruktionen (Programmteile, Programme - in Hardware, Firmware und/oder Software), die einen Angriff auf ein System der IT durch Umgehung oder Durchdringung des Sicherheitssystems ermöglicht.

Die Falltür wird durch eine spezielle Zeichen- (Paßwort) oder Ereignisfolge von einem Terminal aufgestoßen. Eine Falltür kann auch zu Wartungszwecken berechtigt eingebaut sein und wird dann auch als maintenance hook bezeichnet. So z.B. „JOSHUA" im Spielfilm war games.

trap server: Unterbrechungssteuerung.

trespassing: Durchsuchen; von Dateien.

trigger: Anstoßen, auslösen.

trojan horse (t.h.): Trojanisches Pferd. Nicht-dokumentierte Folge von Instruktionen in einem Programm mit dem Ziel, diese Instruktionen vom System der IT ausführen zu lassen, ohne daß die spezifische - und allein dokumentierte - Aufgabe des Programms verändert wird. Die nicht-dokumentierten Nebenwirkungen können dabei latent sein.

Z.B. Kopieren einer Datei, zu der der Besitzer des t.h. keine Zugriffsberechtigung besitzt: In ein Dienstprogramm implantiert, erfüllt das t.h. seine Funktion mit der Zugriffsberechtigung des aufrufenden Benutzers und stellt die Ergebnisse verdeckt dem unberechtigten t.h.-Besitzer zur Verfügung.

trust: Vertrauen. Nachgewiesene Realisierung einer Sicherheitspolitik. Der Nachweis kann durch Verifizierung eines Systems der IT erbracht werden. Bei der Kommunikation in einem System der IT, in einem Stadium, in dem Authentisierung und Authentifizierung stattgefunden haben, kommunizieren die Partner nicht mehr nur auf der Grundlage der Überzeugung (belief), daß sie einander vertrauen (trust) können. Insofern kann Vertrauen als nachgewiesene Überzeugung bezeichnet werden. Vgl. belief.

trusted: Vertrauenswürdig. Ein System der IT ist vertrauenswürdig, wenn es die Sicherheitspolitik des Systems nachweislich realisiert. Vgl. secure, trustworthy.

trusted application: Vertrauenswürdige Anwendung. Vertrauenswürdiger Prozeß, der eine definierte Dienstleistung zur Verfügung stellt.

trusted channel: Vertrauenswürdiger Kanal. Eine Funktionseinheit mit der zwei vertrauenswürdige Rechenbasen eines Systems der IT direkt miteinander kommunizieren können. Die Einheit kann nur von einem vertrauenswürdigen Prozeß angestoßen werden und ist nicht-vertrauenswürdigen Prozessen unzugänglich; die Einheit stellt die Integrität der übertragenen Information sicher.

trusted communications path (TCP): Vertrauenswürdiger Kommunikationsweg. Ein vertrauenswürdiger Kanal zur Kommunikation mit der vertrauenswürdigen Systembasis (TCB, TNB). Der Kanal kann von nicht-vertrauenswürdigen Prozessen, die vertrauenswürdige Prozesse nur imitieren, nicht genutzt werden.

trusted component: Vertrauenswürdige Komponente. Z.B. security filter.

trusted computer system: Vertrauenswürdiges DV-System. Ein System der IT, das hinreichende Sicherheitsmaßnahmen enthält, die eine unberechtigte Kenntnisnahme von Daten (weitgehend) verhindern, und das daher für die Verarbeitung sensitiver Daten verwendet werden kann. Ein solches System wird i. allg. eine trusted computing base enthalten.

trusted computer system evaluation criteria (TCSEC): Kriterien zur Bewertung vertrauenswürdiger DV-Systeme. Diese vom NCSC bzw. vom DoDCSC entwickelten Kriterien enthalten eine

- Klassifizierung und Quantifizierung der Sicherheitsanforderungen und
- qualitative Anforderungen an diese Sicherheitsanforderungen für Hardware, Firmware und Software

mit den folgenden Zielen,

- dem Anwender Anhaltspunkte für die Auswahl und den Einsatz vertrauenswürdiger Systeme der IT,
- den Herstellern eine Leitlinie für die Entwicklung vertrauenswürdiger Systeme der IT zu geben und
- Systeme der IT vom NCSC mit Hilfe dieser Kriterien beurteilen zu können.

Die TCSEC bestehen aus Gruppen und Klassen mit den folgenden Eigenschaften.

A Verifizierter Schutz

1 Verifizierter Entwurf: Formale Funktionsspezifikation und Verifikation, formale Analyse verdeckter Kanäle, nicht-formale Nachweisführung der Übereinstimmung des Programmcodes.

B Festgelegter Schutz

3 Sicherheitsbereiche: Referenzmonitor (Sicherheitskern), sehr widerstandsfähig gegen Eindringversuche.

2 Schutz durch Strukturierung: Formales Sicherheitsmodell, Betrachtung verdeckter Kanäle, Sicherheits-orientierte Architektur, relativ widerstandsfähig gegen Eindringversuche.

1 Schutz durch Kennzeichnung: Festgelegte Zugriffskontrollen, Sicherheitskennzeichen, Behebung sicherheitsrelevanter Schwachstellen.

C Benutzerbestimmbarer Schutz

2 Schutz durch Zugriffskontrolle: Individuelle Protokollierbarkeit, ausgedehnte Protokollierung, Zusatzsoftware.

1 Benutzerbestimmbarer Zugriffsschutz: Benutzerbestimmbare Zugriffskontrollen, Schutz der Benutzer untereinander.

D Minimaler Schutz: Unbewertet.

Die TCSEC gelten nur für stand-alone (unvernetzte) Systeme und auch nicht für Anwendungssoftware.

Die TCSEC sind das grundlegende Werk für Bewertungskriterien. Auf ihnen bauen Bewertungskriterien für andere Systeme der IT auf; so z.B. die trusted network interpretations und die trusted database interpretations.

Die TCSEC entwickeln das Modell einer trusted computing base.

trusted computing base (TCB): Vertrauenswürdige Rechenbasis. Gesamtheit der Sicherheitsmechanismen eines Systems der IT einschließlich der Hardware, Firmware und Software, die in ihrer Kombination die Sicherheitspolitik realisieren. Sie schafft einen grundlegenden (logischen) Sicherheitsbereich und bietet Benutzern die für einen vertrauenswürdigen Betrieb notwendigen Dienste an. Bei der Realisierung der Sicherheitspolitik hängt die vertrauenswürdige Rechenbasis nur ab von den internen Sicherheitsmechanismen der TCB und der korrekten Verwendung der durch die Sicherheitspolitik bedingten Systemparameter durch den Systemverwalter. Dies führt zu den folgenden Anforderungen an den Kern der TCB, die Implementierung des reference monitor concepts. Er muß

- gegen Manipulation geschützt sein,
- immer aufgerufen und durchlaufen werden und
- so überschaubar (klein, einfach strukturiert) sein, so daß er zuverlässig überprüft werden kann.

trusted DBMS interpretations (TDI): Interpretationen für vertrauenswürdige Datenbanksysteme. Interpretation und Erweiterung der TCSEC zur Anwendung auf Datenbanksysteme.

trusted downgrader: Vertrauenswürdiger Herabstufer.

trusted function: Vertrauenswürdige Funktion. Maßnahme eines Systems der IT, die gemäß der Sicherheitspolitik korrekt arbeitet und gemäß dieser Sicherheitspolitik sensitive Information schützt. S. trusted process.

trusted functionality: Vertrauenswürdige Funktionalität. Korrekte Funktionalität unter Zugrundelegung einschlägiger Beurteilungskriterien im Sinne einer Sicherheitspolitik.

trusted guard: Vertrauenswürdiger Wächter. S. security guard.

trusted label: Vertrauenswürdiges Kennzeichen; das Information zur Sicherheit enthält. Es wird nur von trusted processes geschrieben und ist vor unberechtigter Änderung geschützt.

trusted LAN (TLAN): Vertrauenswürdiges lokales Netzwerk.

Lokales Netzwerk, das nach den TNI bewertet und einer Klasse zugeordnet wurde.

trusted maintenance: Vertrauenswürdige Wartung.

trusted Mach (TMACH): Prototyp eines vertrauenswürdigen Mach kernels des MACH/Unix-Systems. Entwickelt von Trusted Information Systems, Inc. (TIS) mit dem Ziel einer Zertifizierung nach B3 der TCSEC. Vgl. MACH.

trusted network base (TNB): Vertrauenswürdige Netzwerkbasis. Vertrauenswürdige Rechenbasis in einem Netzwerk.

trusted network component base (TNCB): Vertrauenswürdige Basis einer Netzwerk-Komponente.

trusted network interface unit (TIU): Secure front end und interface eines Netzes.

trusted network interpretations (TNI): Interpretationen für vertrauenswürdige Netzwerke. Interpretation und Erweiterung der TCSEC zur Anwendung auf Netzwerke:

- Kontrolle des Zugriffs zur Vermeidung der unberechtigten Kenntnisnahme von Objekten (unauthorized disclosure) und zur
- Vermeidung der unberechtigten Änderung (integrity) und des Mißbrauchs von Objekten (denial of services).

Teil I: Interpretation der grundlegenden Prinzipien der TCSEC mit Übertragung der Sicherheitsmaßnahmen, der Garantieforderungen und der Bewertungsstruktur auf Netzwerke von isolierten local area networks bis hin zu wide area internetwork systems.

Teil II: Beschreibung (specification and evaluation) der in Netzwerken relevanten - aber bei der Betrachtung von stand-alone-Systemen nicht auftauchenden oder weniger bedeutenden Probleme - Sicherheitsaspekte und -dienste der communication security (insbesondere transmission security und unterstützende Dienste wie Verschlüsselungsverfahren und Protokolle) und denial of service in Netzwerken unter den folgenden drei Aspekten.

- Funktionalität,
- Ziel-Erreichungsgrad,
- Garantie.

Weiterhin wird eine Bewertung der Sicherheitsdienste hinsichtlich des Zielerreichungsgrads dieser drei Aspekte unterstützt. Die Bewertung unterscheidet sich allerdings von der hierarchischen der TCSEC; vielmehr kann sich der Anwender der TNI sowohl für oder gegen die Nutzung einzelner Sicherheitsdienste entscheiden als auch den jeweiligen gewünschten Qualitätsgrad (none, minimum, fair, good) festlegen. Es werden drei Sicherheitsdienste aufgeführt.

T

- Kommunikations-Integrität (Authentifizierung, Kommunikations-Feld-Integrität, Nicht-Zurückweisung),
- Verweigern von Diensten (Aufrechterhaltung des Betriebs, Protokoll-basierte Schutzmechanismen, Netz-Management)
- Schutz gegen Bloßstellung (Vertraulichkeit der Daten, Vertraulichkeit des Datenverkehrs, Wegewahl).

Anhang A: Component evaluation: Bewertung von Komponenten. Bisher wurde das Netzwerk aus ganzheitlicher Sicht betrachtet. Hier wird eine Komponentenorientierte Bewertung angeboten angesichts der beiden folgenden Tatsachen.

- Es ist zu erwarten, daß bestimmte Netzwerk-Komponenten nur von bestimmten Herstellern angeboten werden;
- Netzwerk-Komponenten, die einmal für ein Netzwerk zertifiziert sind, können in anderen Netzwerken eingesetzt werden, ohne erneut bewertet werden zu müssen. Dies mindert die Zahl der zu bewertenden Systeme/Komponenten.

Es werden die folgenden vier Sicherheitspolitiken unterschieden. Daneben sind die Klassennamen der Netzwerk-Komponenten aufgeführt, die die jeweilige Sicherheitspolitik unterstützen.

Sicherheitspolitik und Klassenname der Netzwerk-Komponente

- Festgelegte Zugriffskontrolle - M components (mandatory access control)
- Benutzerbestimmbare Zugriffskontrolle - D components (discretionary access control)
- Unterstützung von Identifikation und Authentifikation - I components (supporting identification/authentication)
- Anwendung - A components (application - supporting audit)

Anhang B: Rationale for the partitioned NTCB approach: Grundlagen des verteilten NTCB's. Begründung für die Aufteilung des TCB in unterschiedliche Komponenten. Grundlage ist der partitioned Network TCB.

Anhang C: The interconnected accredited AIS view: Der Ansatz vernetzter und zertifizierter Systeme der IT. Verknüpft werden können nach unterschiedlichen Klassen der TCSEC zertifizierte Systeme, ohne daß das Netzwerk einheitlich mit einer Klasse bewertet werden könnte.

Component connections and the interconnection rule: Vernetzte Komponenten und die Verknüpfungsregel. Die Verknüpfungsregel begrenzt die Menge von Geheimhaltungsgraden und Kategorien beim Informationsaustausch zwischen vernetzten Systemen der IT.

- Bei Simplexverbindungen muß die empfangende Komponente im Vergleich zur sendenden Komponente für eine höhere oder dieselbe Sicherheitsstufe freigegeben sein;
- bei Duplexverbindungen müssen die Komponenten für dieselbe Sicherheitsstufe freigegeben sein.

The global network view: Gesamtbetrachtung eines Netzwerks. Neben den erwähnten können weitere Risiken auftreten, die nur beherrscht werden können, wenn alle Komponenten detailliert betrachtet werden. Hingewiesen wird insbesondere auf das Kaskaden-Problem.

Nicht alle Netzwerke von Systemen der IT können - andere sollten nicht - mit den TNI bewertet werden. Kriterium hierfür ist in erster Linie die Komplexität des Netzwerks (subnetworks, multi-vendor components etc.).

trusted path: Vertrauenswürdiger Übertragungsweg. Ein vertrauenswürdiger Prozeß, mit dessen Hilfe sichergestellt wird, daß ein Subjekt direkt mit einer TCB kommuniziert. Diese Routine kann nur von der TCB oder dem Subjekt angestoßen werden nicht aber von anderer nicht-vertrauenswürdiger Software.

trusted path protocol: Vertrauenswürdiges Übertragungsweg-Protokoll. Protokoll, das einer zu übertragenden Nachricht verschlüsselte Sicherheitskennzeichen anhängt.

trusted process: Vertrauenswürdiger Prozeß. Ein Prozeß, der nachweislich eine Sicherheitspolitik einhält.

Ein trusted process kann z.B. auch dazu benutzt werden, ohne Sicherheitsrisiken nicht-vertrauenswürdige Software in einer vertrauenswürdigen Umgebung ablaufen zu lassen.

trusted region: Vertrauenswürdiger Bereich. Bereich, der die Menge der vertrauenswürdigen Funktionen eines Systems der IT enthält.

trusted server: Vertrauenswürdiger Prozeß. Der server ist ein Benutzern nicht zugänglicher Prozeß, ein Dämon.

trusted software: Vertrauenswürdige Software. Der Software-Anteil einer TCB.

trusted subject: Vertrauenswürdiges Subjekt. Subjekt als Teil einer vertrauenswürdigen Rechenbasis, das zwar die Sicherheitspolitik verletzen kann, dem aber vertraut wird (dies nicht zu tun) - jedenfalls im Betrachtungszeitraum.

trusted system: Sicheres System, vertrauenswürdiges System. Ein System, das gemäß den

T - U

TCSEC eine Sicherheitspolitik einhält.

trusted upgrader: Vertrauenswürdiger Hochstufer.

trusted vendor: Vertrauenswürdiger Anbieter. Vertrauenswürdiger Kooperationspartner der Zertifizierungsinstanz im RAMP.

trustworthy: Vertrauenswürdig.

trustworthy telematic transaction (TeleTrust, TTT): Internationale Gruppe mit Mitgliedern aus der Bundesrepublik, Finnland, Frankreich, Großbritannien, Irland, Italien, Schweden sowie der EG-Sparkassenvereinigung, der INTAMATIC, Kommission der EG; Belgien, Jugoslawien, Niederlande, Norwegen, Spanien in Vorbereitung. Die Gruppe versucht einen Konsens herzustellen über die Nutzung offener, sicherer und vertrauensübermittelnder Zahlungs- und Kommunikationssysteme. Das dazu vorgeschlagene token benutzt im Rahmen des CCITT-directory-systems zur digitalen Unterschrift einen public-key- oder asymmetrischen (RSA) Verschlüsselungsalgorithmus.

tsunami: Springflut an der Pazifik-Küste mit einer Wellenhöhe von zehn bis fünfzehn Meter. Klassisch-materielle Bedrohung der Betriebssicherheit.

turnkey account: Eingeschränkter Zugriff. Synonym mit captive account, tied account.

two-person rule: Vier-Augen-Prinzip.

type I error: Ein Fehler im Verlauf eines Identifizierungs- oder Authentifizierungsverfahrens, der zur Zurückweisung eines berechtigten Benutzers führt; ggf. mit falschem Alarm.

type II error: Ein Fehler im Verlauf eines Identifizierungs- oder Authentifizierungsverfahrens, der zur Freigabe eines unberechtigten Benutzers (als Berechtigtem) führt.

U

unapproved software: Nicht freigegebene Software.

unauthorized: Unberechtigt. Im Gegensatz zu einer beschlossenen und verordneten Sicherheitspolitik stehend und entgegen einem Auftrag.

unauthorized access: Unberechtigter Zugriff; auf Objekte wie Daten etc.

unauthorized disclosure: Ausspähen von Daten, unberechtigte Weitergabe, unberechtigte Kenntnisnahme. Die Weitergabe kann zur Folge haben: Lesen (unberechtigte Kenntnisnahme), Schreiben, Ändern etc. und ermöglicht Löschen und Zerstören von Objekten sowie die Aktivierung von Prozessen.

Unberechtigte Beschaffung von Daten, die gegen unberechtigten Zugriff besonders gesichert sind. Begriff aus dem 2. WiKG.

unauthorized entry: Unberechtigter Zugang. Unberechtigter (physischer) Zugang zu einem räumlichen Bereich.

unauthorized release of information: Unberechtigte Informations-Weitergabe oder -Freigabe.

unauthorized subject: Unberechtigter.

unauthorized use of computer related facilities: Zeitdiebstahl, unberechtigte Ressourcennutzung.

unbreakable ciphertext: Nicht-brechbarer verschlüsselter Text. Ein verschlüsselter Text, der mit einem Schlüssel verschlüsselt wurde, der mindestens genauso lang ist wie der Text und nicht aus dem Schlüsseltext ableitbar ist.

unclassified data: Offene, nicht-eingestufte Daten; sie können gleichwohl sensitiv sein. Vgl. unrestricted data.

unconditionally secure: Unbedingt sicher. Qualitätsbewertung eines Verschlüsselungsverfahrens, das jedem Angriff widersteht, unabhängig von der Qualität theoretischer Überlegungen und dem Ressourcenaufwand wie Rechenzeit - z.B. Vernam cipher. Im Gegensatz zu computationally oder practically secure.

unconstrained data item (UDI): Nicht-vertrauenswürdige Daten. Nicht-vertrauenswürdige Daten können durch transformation procedures validiert werden.

unforgeable: Fälschungssicher.

unforgeable ticket: Fälschungssicherer Ausweis, fälschungssichere Marke.

unintentional: Unbeabsichtigt.

UNIX UTX/32S: Betriebssystem der Fa. Gould. Vom NCSC auf der Grundlage der TCSEC in der Version Rel. 1.0 zertifiziert für die Klasse C2. Basiert auf BSD 4.2 und AT&T system V.

unrestricted data: Freie Daten. Daten, die aus allgemein zugänglichen Quellen entnommen werden können und nicht sensitiv (oder sogar eingestuft) sind. Vgl. unclassified data.

untrusted: Nicht-vertrauenswürdig.

untrusted function: Nicht-vertrauenswürdige Funktion. Eine Funktion oder Routine, die nicht auf der Grundlage einer Sicherheitspolitik arbeitet.

U - V

untrusted process: Nicht-vertrauenswürdiger Prozeß.

untrusted region: Nicht-vertrauenswürdiger Bereich. Bereich, der nur nicht-vertrauenswürdige Funktionen enthält und keine vertrauenswürdigen.

upgrade: Hochstufen. Erhöhen des Geheimhaltungsgrads.

upload: Zurückladen. Zurückschreiben von Objekten in ein übergeordnetes System der IT. Im Gegensatz zu download.

user: Benutzer. Eine Person in der Rolle eines Auftraggebers (Subjekt) gegenüber einem System der IT.

user class of service: Benutzerklasse. Klasse von Benutzern mit demselben Berechtigungsprofil.

user identification code (UIC): Benutzer-spezifische Zeichenfolge zur Identifizierung (eines Subjekts). Der Begriff code wird hier umgangssprachlich benutzt. Vgl. password.

UTX/32S: Vertrauenswürdiges Betriebssystem der Fa. Gould, das als Rel. 1.0 vom NCSC gemäß den TCSEC für die Klasse C2 zertifiziert ist. Vgl. UNIX UTX/32 S.

V

validation: Validierung. Nichtformale Prüfung auf Übereinstimmung (Konsistenz) von Anforderungen mit der Implementierung.

validation period: Gültigkeitszeitraum. Synonym mit expiration period, retention period.

vampir program: Ein Programm, das sich selbst in Abhängigkeit von seinem Bedarf an Betriebsmitteln und der Verfügbarkeit freier Betriebsmittel zur Abwicklung seiner Aufgaben in gekoppelte Einheiten berechtigt kopiert; dabei berücksichtigt das Programm noch abzuarbeitende Teil-Aufgaben und zieht sich bei sinkendem Betriebsmittel-Angebot aus diesen Einheiten geordnet zurück unter Mitnahme der erzielten Ergebnisse. Gekoppelte Einheiten können dabei Prozessoren eines Mehr-Prozessorsystems oder angekoppelte Zentraleinheiten oder DV-Systeme eines Systems der IT eines oder mehrerer Netze sein. Synonym mit blob.

vendor security analyst (VSA): Sicherheitsanalytiker eines Anbieters. Vertrauenswürdiger Mitarbeiter eines Anbieters, der in Kooperation mit der Zertifizierungsinstanz das RAMP abwickelt.

verification: Verifikation. Formaler Nachweis der Übereinstimmung (Konsistenz) der System-Spezifikationen unterschiedlicher Abstraktionsniveaus. Teil des Spezifikations-/Verifikationsprozesses.

So wird z.B. das security policy model verglichen mit der Top-level-Spezifikation; oder die Top-level-Spezifikation mit dem Quellcode. Das Verfahren sollte aufgrund seiner Komplexität rechnergestützt abgewickelt werden.

verification condition generator (VCG): Generator der Verifikationsbedingungen. Teil eines Spezifikations-/Verifikationssystems.

verification language: Verifikationssprache. Z.B. Ina Jo, Gypsy, Special.

verification technique: Verifikationstechnik. Methode zum Nachweis der Übereinstimmung (Konsistenz) zweier Spezifikationen.

VERLANGEN: Formale Spezifikations- und Verifikationssprache. Eigenname. Entwickelt von der RCA Corporation.

Vernam cipher: Kontinuierliches Verschlüsselungsverfahren, bei dem der Schlüssel größer oder gleich der Länge der verarbeiteten Nachricht ist. Dieses Verfahren ist unconditionally secure. Das Verfahren erscheint von nicht so hohem praktischem Wert, da in einem Netz von Systemen der IT ein umfangreicher Bit-Strom von Schlüsseln verteilt werden müßte; der Nachrichten-Durchsatz würde sehr stark absinken. I. allg. werden daher Pseudo-Zufallsbits als Schlüssel benutzt, die allerdings gegen Angriffe empfindlich sind. Vgl. stream cipher.

Viguere-Vernam-principle: Kryptographisches Verfahren, bei dem Ein- und Ausgabealphabet übereinstimmen.

virtual machine monitor: Kontrollprogramm für virtuelle Maschinen. Kontrolliert die Isolierung der einzelnen virtuellen Prozessoren untereinander und deren Ressourcenausnutzung.

Virtual Memory System (VMS): Betriebssystem der Fa. Digital Equipment Company für die multipurpose VAX-Rechner. Vom NCSC auf der Grundlage der TCSEC mit dem level 4.3 zertifiziert für die Klasse C2.

virus: Virus. Eine Menge von Instruktionen mit der Eigenschaft, genau diese Instruktionsmenge mit Hilfe eines (Wirts-)programms in mindestens ein anderes Programm modifiziert implantieren zu können (Infektion) - evtl. auch durch Überschreiben von Daten. Wesentliche Eigenschaften eines Virus sind also die Fähigkeiten,

1. sich mit Hilfe eines (Wirts-)programms zu vermehren und
2. die Fähigkeit, sich dabei im Phänotyp zu ändern; dabei wird der bit-string der Instruktionsmenge verändert.

Die Infektion anderer Programme kann negative Auswirkungen haben. Bedingt durch die Fähigkeit, sich selbst mit Hilfe eines Wirtsprogramms zu vermehren und sich dabei zu verändern, kann ein Virus unkontrollierbar werden.

voice print: Stimmabdruck.

voice print identification: Stimmerkennung.

volatile memory: Flüchtiger Speicher. Ein von einer Stromversorgung abhängiger Speicher, der seine Speicherfähigkeit beim Abschalten des Stroms verliert. Tatsächlich ist nicht vorhersehbar, ob nach Wieder-Einschalten des Stroms nicht doch noch auswertbare Daten gespeichert sind.

vulnerability: Verwundbarkeit. Schwachstelle eines Systems der IT, die ein Eindringen unter Umgehung oder Durchdringung des Sicherheitssystems erlaubt. Die Schwachstelle kann organisatorischer, personeller, klassisch-materieller oder DV-technischer Art sein. S. technical vulnerability.

vulnerability analysis: Schwachstellenanalyse. Untersuchung auf Schwachstellen eines Systems der IT.

vulnerability assessment: Feststellung der Verwundbarkeit, der Schwachstellen.

vulnerability evaluation: Schwachstellenbewertung. Analyse und Bewertung der Schwachstellen eines Systems der IT.

vulnerability scaling: Skalierung der Schwachstellen. Bewertung eines Systems der IT hinsichtlich seiner Schwachstellen und des damit möglichen Umgehens oder Durchdringens seiner Sicherheitsfunktionen.

W

water damage: Wasserschaden (Überflutung, Rohrbruch).

weakness of short keys: Schwäche kurzer Schlüssel. Verletzbarkeit eines mit kurzem Schlüssel verschlüsselten Textes.

wide area network: Weitverkehrsnetz, über die Grundstücksgrenzen hinausreichend bis weltumspannend. Im Gegensatz zu LAN.

wire tapping: Anzapfen. Lauschangriff bei direkter physischer Aufschaltung auf den Übertragungskanal. Z.B. wird das aufgeschaltete Kabel an ein Terminal oder ein Lauschgerät angeschlossen. Vgl. eavesdropping.

work factor: Widerstandswert. Abschätzung des Aufwands an zur Umgehung oder Durchdringung des Sicherheitssystems eines Systems der IT notwendigen Ressourcen wie finanzielle Mittel, Dokumentation, Kenntnisse und Fähigkeiten, Rechnerzeit etc.

worm: Wurm. Eigenschaft einer Menge von Instruktionen genau diese Instruktionsmenge in mindestens ein anderes Programm unverändert zu kopieren. Vgl. aber virus.

worm-hole: Wurmloch. Schwachstelle im Sicherheitssystem, die das Eindringen eines Wurms ermöglicht.

Teil II

Lexikon
deutscher/anglo-amerikanischer Begriffe

A

Abdichten: Confine.

Abdichtung: Confinement.

Abdichtungsproblem: Confinement problem.

Abflußweg: Leakage path.

Abgangskontrolle: Physical exit control.

Abgegrenzt: Compartmented.

Abgeschirmtes Kabel: Shielded cable.

Abgeschlossener Bereich: Compartment.

Abgeschottet: Compartmented.

Abgesicherter Bereich: Restricted area.

Abhören: Active line tap, data interception, eavesdropping, electronic surveillance, interception, tapping, wire tapping.

Ablaufdatum: Expiration date, time ledge.

Abmeldeprozedur: Log-out.

Abrechenbarkeit: Accountability.

Abrechnung: Billing.

Abrechnungsverfahren: Accounting.

Abschalten bei Zeitüberschreitung: Time-out.

Abschotten: Confine.

Abschottung: Compartmentalization, confinement, containment, isolation, separation.

Abschreckung: Deterrence.

Absichtlich: Deliberate, intentional.

Absichtliche Offenlegung: Intentional disclosure.

Absichtliche Kenntnisnahme: Intentional disclosure.

Absichtliche Täuschung: Spoofing.

Abstrahlsicherheit: Emanation security.

Abstrahlung: Emanation, emission, radiation.

Abstrahlungsaufzeichnung: Radiation recording.

Abstrahlungssicherheit: Emanation security, emission security.

Abteilung: Division.

Abwehrmaßnahme: Countermeasure, evasive action.

Abweichung: Glitch, deviation.

Abziehen: Download.

Abzweigen: Tapping.

Adressieren: Address.

ADV-Sicherheit: ADP system security, automated information systems security.

Ändern der Nachrichten-Reihenfolge: Message order modification.

Änderung: Change.

Änderungserlaubnis: Control permission.

Äquivokation: Equivocation.

A

Aggregierungsproblem: Aggregation problem.

Aktiv: Active.

Aktive Bedrohung: Active threat.

Aktiver Lauschangriff: Active line tap.

Akustische Sicherheit: Acoustic security.

Alarmauslösung: Alarm release.

Alarmauswertung: Alarm evaluation.

Alarmblockierung: Alarm blocking.

Alarmlokalisierung: Alarm locating.

Alarmmeldung: Alarm signal.

Alarmrückstellung: Alarm reset.

Alarmschwelle: Alarm threshold.

Alarmverzögerung: Alarm delay.

Alarmzustand: Alarm condition.

Analyse verdeckter Kanäle: Covert channel analysis.

Aneignung einer fremdem Autorisierung: Impersonation.

Anfälligkeit: Susceptibility.

Anforderungen: Requirements.

Anfügen: Append.

Angreifer: Adversary, culprit.

Angriff: Attack.

Anhängsel: Salt.

Anmeldeprozedur: Log-in, log-on.

Anonymisierte Daten: Depersonalized data.

Ansatzpunkt: Hook.

Anstoßen: Trigger.

Anwählen: Address.

Anwendung: Application.

Anwendungsprozeß: Application process.

Anzapfen: Wire tapping, tapping.

Anzeige des Übergabezeitpunkts: Delivery time stamp indication.

Anzeige des Ungültigwerdens: Obsoleting indication.

Anzeige der Vertraulichkeit: Sensitivity indication.

Anzeige des Betreffs: Subject indication.

Arglistige Täuschung: Fraud.

Asymmetrischer Algorithmus: Asymmetric algorithm.

Asynchroner Angriff: Asynchronous attack.

Aufkleber: Tag.

Aufrechterhaltung des Betriebs: Continuity of operations.

Aufsicht: Surveillance.

Ausfall: Breakdown, failure.

Ausforschen: Browsing.

Ausgabe-Spion: Output spy.

Auslösen: Actuate, trigger.

Ausspähen von Daten: Unauthorized disclosure.

A - B

Außenhaut: Perimeter.
Ausweis: Identity card, ID-card.
Ausweiskarte: Identification card.
Auswertung: Exploitation.
Authentifikation: Authentification.
Authentifizierung: Authentification.
Authentikator: Authenticator.
Authentisierung: Authentication.
Authentisierungsdienst: Authentication server.
Authentisierungseinheit: Authentication token.
Authentisierungszentrale: Authentication center.
Authentizität: Authenticity.
Automatisches Penetrationsverfahren: Automated tiger team.
Autorisierung: Authorization.

B

Bandbreite: Bandwidth.
Batch-job-Zähler: Batch totals.
Bedrohung: Threat, assault.
Bedrohungsanalyse: Threat analysis.
Bedrohungsbewertung: Threat evaluation.
Befugnis: Capability.
Beglaubigung: Authentication, notarization.
Beglaubigungseinheit: Credential.
Begrenzter Schutz: Limited protection.
Begrenzter Zugriff: Limited access.
Behälter: Container, respository.
Behältnis: Container.
Belegen: Attach.
Benachrichtigung der Nicht-Übergabe: Non-delivery notification.
Benachrichtigung des Nicht-Empfangs: Non receipt notification.
Benachrichtigung über den Empfangsstatus: Receipt status notification.
Benachrichtigung über den Status der Empfangsübergabe: Delivery status notification.
Benutzer: User.
Benutzerbestimmbare Zugriffskontrolle: Discretionary access control.
Benutzerklasse: User class of service.
Beobachtung: Surveillance.
Berechtigter Benutzer: Authorized user, legitimate user.

Berechtigter Empfänger: Authorized recipient.

Berechtigter Zugriff: Authorized access.

Berechtigung: Privilege.

Berechtigungsdatei: Authorization database.

Berechtigungsmatrix: Access matrix, security matrix.

Berechtigungstabellen: Authorization tables.

Berechtigungsverwaltung: Authorization management, password system.

Berechtigungszuweisung: Authorization.

Bereich: Domain.

Berufsgeheimnis: Professional secrecy.

Berufsverbot: Professional disqualification.

Beschädigung: Damage.

Beschreibende Datenbank: Shadow database.

Beschreibende Top-Level-Spezifikation: Descriptive top-level specification.

Besitz: Ownership.

Bestätigung: Corroboration, endorsement.

Beteiligter: Person concerned.

Betrieblicher Datenschutzbeauftragter: Corporate data security commissioner.

Betriebsart: Mode of operation.

Betriebsbereites Ausweichsystem: Hot stand-by system.

Betriebsgeheimnis: Corporate secrecy.

Betriebsmittel: Resource.

Betriebsmittelschutz: Resource protection.

Betriebssicherheit: Operations security.

Betroffener: Person affected, person concerned.

Betrüger: Deceiver, impostor, swindler.

Betrug: Forgery, fraud.

Bewegungsmelder: Motion detector, movement detection.

Beweis der Richtigkeit der Programme: Program proving.

Beweisprozessor: Theorem prover.

Beweissicherung: Proof statement.

Bewertung: Evaluation.

Bewertung der Sicherheit: Security rating.

Bewertungsverfahren: Evaluation procedure.

Bewußtsein: Awareness.

Bezeichner: Identifier.

Biometrisch: Biometrical.

Biometrisches Kontrollverfahren: Biometrical control procedure.

Bitweise Verschlüsselung: Bit-by-bit encipherment.

Blind-Kopie: Blind copy.

Blockade: Deadlock, blocking.

Blockverkettung: Block chaining.

Blockverschlüsselung: Block cipher, block encipherment.

Blockzeiten-Betrieb: Period processing.

Bloßstellende Abstrahlung: Compromising emanation.

Bloßstellung: Compromise, exposure.

Bloßstellung von Daten: Data exposure.

Bloßstellung von Verschlüsselungsinformation: Crypto compromise.

Bösartig: Malicious.

Böswillig: Malicious.

Böswillige Absicht: Malicious intent.

Böswillige Behauptung: Malicious defamation.

Böswillige Logik: Malicious logic.

Briefkasten: Mailbox.

Buchstabenschlüssel: Literal key.

Bundes-Datenschutzgesetz (BDSG): Privacy act of the F.R.G.

C

Checksummenbildung: Hash totals.

Chiffre: Cipher.

Chiffretext: Cipher text.

Codebuch: Code book.

Codesystem: Code system.

codieren: Encode.

Computer-Virus: Computer virus.

Computerbetrug: Computer fraud.

Computerkriminalität: Computer crime.

Computersabotage: computer sabotage.

Computersicherheit: Umgangssprachlich für DV-Sicherheit. S. computer security.

Computer-Mißbrauch: Computer abuse.

Computer-Spionage: Computer espionage.

D

Dämon: Daemon.

Dateischutz: File protection.

Dateisicherheit: File security.

Dateiverschlüsselung: File encryption.

Daten: Data.

Datenabhängiger Schutz: Data dependent protection.

Datenbankverschlüsselung: Data base encryption.

Datengeheimnis: Data secrecy.

Datengenauigkeit: Data accuracy.

Datenmißbrauch: Misuse of data.

Datenschutz: Privacy, data protection.

Datenschutzbeauftragter: Data protection officer.

Datenschutzmaßnahme: Data privacy measure.

Datensicherheit: Data security.

Datensicherung: Back-up, data security means.

Datensicherungsbeauftragter: Data protection officer.

Datensicherungsverfahren: Back-up procedure.

Datenträger: Data medium, volume.

Datenträgerverschlüsselung: Media encryption.

Datenveränderung: Data manipulation.

Datenverlust: Data leakage, loss of data.

Datenverschleierung: Data scrambling.

Daten-Integrität: Data integrity.

Daten-Sicherheitsmodell: Data security model.

Daten-Verseuchung: Data contamination.

Daten-Vertraulichkeit: Data confidentiality.

Datumskennung: Date stamp.

Dauerhaftigkeit: Sustainability.

Decodieren: Decode.

Dekryptieren: Decrypt. S: entschlüsseln.

Designfehler: Design flaw, bug.

Dialogprinzip: Handshaking.

Dialogverfahren: Handshaking, handshaking procedures.

Diebstahl: Larceny, theft.

Dienstleistungsverhinderung: Denial of service.

Dienstleistungsverhinderung im Netzwerk: Denial of message service.

Dienstleistungssystem: Server.

Digitale Unterschrift: Digital signature.

Dokumentationssicherheit: Documentation security.

Dominanz-Beziehung: Dominance relation.

Dominieren: Dominate.

Doppelt-Blind-Kopie: Double blind copy.

D - E

Doppelt-Blind-Prinzip: Double blind principle.

Dopplungswahrscheinlichkeit: Probability of duplication.

Doubeln: Doubling.

Durchgangstechnik: Pass-through technique.

Durchsehen: Perusing.

Durchsetzung: Enforcement.

Durchsetzung des Sicherheitskonzepts: Security enforcement.

Durchsuchung von Dateien: Trespassing.

DV-Geheimschutz: Information secrecy.

DV-Sicherheit: Computer security.

DV-Sicherheitsbeauftragter: ADP system security officer, information systems security officer.

DV-Sicherheitsoffizier: Information systems security officer.

E

Ebene: Level.
Echtheit: Authenticity.
Echtheitsprüfung: Authentification.

EDV-Revisor: Electronic data processing auditor.

Eigenschaft: Feature.

Eigentümer: Owner.

Eigentum: Ownership.

Eigentumsbezogene Information: Proprietary information.

Einbruchmelder: Intruder detector, intrusion detector.

Einbruchmeldesystem: Intrusion detection system.

Einbruchssicher: Tamper proof.

Eindringen: Break-in, infiltration, intrusion, penetration, perpetration.

Eindringling: Interloper, intruder, penetrator, perpetrator.

Eindringschutz: Intruder alarm protection.

Eindringversuch: Break-in attempt, attempted break-in.

Eindring-Beschreibung: Penetration signature.

Eindring-Erkennungssystem: Intrusion detection system.

Eindring-Hinweis: Penetration signature.

Eindring-Technik: Intrusion technique.

Einfache Integritätseigenschaft: Simple integrity property.

Einfache Sicherheitseigenschaft: Simple security property.

Einfügen: Insertion.

Einfügen einer Nachricht: Message insertion.

Eingebautes Paßwort: Imbedded password.

Eingeschränkter Zugriff: Captive account, tied account, turnkey account.

Eingestufte Information: Classified information.

Einheit: Entity.

Einmalpaßwort: One-time password.

Einmalschlüssel: One-time key.

Einstellbar: Adjustable.

Einstufenbetrieb: Single level security mode, dedicated security mode.

Einstufiges Gerät: Single-level device.

Einstufung: Classification.

Einweg-Funktion: One-way function.

Einweg-Verschlüsselung: One way encryption.

Elektromagnetische Abstrahlung: Elektromagnetic emanation, electromagnetic radiation.

Elektromagnetische Störung: Electromagnetic interference.

Elektromagnetische Verträglichkeit (EMV): Electromagnetic compatibility.

Elektromagnetischer Impuls: Electromagnetic pulse.

Elektronische Post: Electronic mail.

Elektronische Überwachung: Electronic surveillance.

Element: Entity.

Elementare Schutzeinheiten: Protection primitives.

Empfänger: Receiver.

Empfangsbestätigung: Receipt notification.

Empfindlichkeit: Sensitivity, susceptibility, threshold.

Empfindlichkeitsbewertung: Threat vulnerability merger.

Ende-Ende-Verschlüsselung: End-to-end-encryption.

Enthüllen: Reveal.

Entladen: Download.

Entscheidungsinstanz: Authority.

Entschlüsseln: Decipher, decode, decrypt.

Entwicklungsumgebung: Development environment.

Entzug von Betriebsmitteln: Preemption.

Erfolgreicher Angriff: Break-in, intrusion.

Ergänzen von Fülldaten: Traffic padding.

Ergänzung: Hook-up.

Erkennung: Detection.

Erkennung der Handform: Hand geometry identification.

E - F

Erkennung des Retina-Musters: Retina identification.

Erkennung der Unterschriftsdynamik: Signature dynamics identification.

Ermächtigung: Clearance.

Ermächtigungsgrad: Subject security level.

Erneute Zuweisung: Reuse.

Erwartete Übertragungsverzögerung: Expected transmission delay.

Erweitern: Append.

F

Fähigkeit der Fehlerentdeckung: Error detection capability.

Fälschung: Forgery.

Fälschungsicher: Unforgeable.

Fälschungssicherer Ausweis: Unforgeable ticket.

Falle: Hook.

Fallenstellen: Entrapment.

Falltür: Trap door.

Falscher Alarm: False alarm.

Falsches Aggregationsproblem: False aggregation problem.

Fehlalarm: False alarm.

Fehler: Bug, defect, error, fault, mistake.

Fehleranalyse: Flaw analysis.

Fehlerbehebung: Debugging.

Fehlererkennungscode: Error detection code.

Fehlerfreiheit: Correctness.

Fehlerhäufigkeit: Error ratio.

Fehlerkorrektur: Patch, engineering change.

Fehlerkorrekturcode: Error correction code.

Fehlertoleranz: Fault tolerance.

Fehlerüberwachung: Error control.

Fehlerwahrscheinlichkeit: Error probability.

Fehler-Annahmeverfahren: Flaw hypothesis methodology.

Fehlleitung: Mis-routing.

Feind: Enemy.

Feindliche Umgebung: Hostile environment.

Feinspezifikation: Low-level specification.

Fenster: Window.

Fenster-Technik: Window technique.

Fernmeldesicherheit: Communication security.

Fernmelde-Integrität: Communication integrity.

Festgelegte Zugriffskontrolle: Mandatory access control.

Feststellen: Identify.

Feststellung der Verwundbarkeit: Vulnerability assessment.

Filter: Filter.

Fingerabdruck: Fingerprint.

Fingerabdruck-Erkennung: Fingerprint identification.

Flüchtiger Speicher: Volatile memory.

Flußkontrolle: Flow control.

Folgeausfall: Secondary failure.

Formale Spezifikation: Formal specification.

Formale Spezifikationssprache: Formal specification language.

Formaler Beweis: Formal proof.

Formales Modell einer Sicherheitspolitik: Formal security policy model.

Formelles Bewertungsverfahren: Formal product evaluation procedure.

Frage-Anwort-Verfahren: Challenge response.

Freie Daten: Unrestricted data.

Freie Software: Freeware.

Freigabe: Approval, release.

Freigeben: Detach, release.

Front-end Sicherheitsfilter: Front-end security filter.

Früherkennung: Early identification.

Frühwarnung: Early warning.

Füllzeichen: Dummy character, fill character.

Funktionalität: Functionality.

Funktionseinheit: Functional unit.

Funktionseinheit zur Authentifizierung: Authentication server.

Funktionsgarantie: Functional assurance.

Funktionsschutz: Functional protection.

Funktionsspezifikation: Top-level specification.

Funktionstest: Functional testing.

Funktionstrennung: Process isolation, separation of duties.

G

Garantie: Assurance.

Gefahr: Danger.

Gefahrenmeldeanlage: Danger detection system.

Gefahrlosigkeit: Safety.

Gefährden: Jeopardize.

Gegenmaßnahme: Countermeasure.

Gegenseitig mißtrauend: Mutual suspicious.

G - H

Gegenseitig mißtrauende Zusammenarbeit: Mutual suspicious interaction.

Gegenseitige Authentifizierung: Mutual authentification.

Gegenseitiges Mißtrauen: Mutual suspicion.

Geheimer Schlüssel: Secret key.

Geheimes Einverständnis: Collusion.

Geheimhaltung: Secrecy.

Geheimhaltungsbedürftig: Sensitive.

Geheimhaltungsgrad: Security level.

Geheimhaltungspflicht: Obligation of secrecy, secrecy requirement.

Geheimnis: Secrecy.

Geheimschutz: Secrecy.

Geldautomat: Automated teller machine.

Generator der Verifikationsbedingungen: Verification condition generator.

Geräte-Manipulation: Rewiring.

Gerätekennung: Device-ID.

Geräusch: Noise.

Geschlossene Benutzergruppe: Closed user group.

Geschlossener Betrieb: Closed shop.

Geschlossener Sicherheitsbereich: Closed security environment.

Geschriebenes Recht: Statute law.

Geschützte Daten: Protected data.

Geschützter Speicherbereich: Protected location, protected storage area.

Geschützter Übertragungsweg: Protected path.

Granularität: Granularity.

Grobspezifikation: Top-level specification.

Gruppe: Division.

Gültigkeitsdauer: Expiration period.

Gültigkeitsdauer des Schlüssels: Cryptoperiod.

Gültigkeitszeitraum: Expiration period, retention period, validation period.

Gutartig: Benign.

Gutartige Umgebung: Benign environment.

H

Haken: Hook.

Handabdruck-Erkennung: Hand geometry identification.

Hardware-Sicherheit: Hardware security.

Hauptschlüssel: Master key.

Heimlich: Clandestine.

Herabstufen: Downgrade.

Herabstufer: Downgrader.

Hierarchie-Prüfer: Hierarchy checker.

Hintergrund-Untersuchung: Background investigation.

Hintertür: Back door.

Hochstufen: Upgrade.

Hochwassermarke: High water mark.

Höchststufe: System high.

Höchststufen-Betrieb: System high security mode.

Huckepack-Eindringen: Piggybacking.

Hypervisor-Konzept: Hypervisor concept.

I

Identifikation: Identification.

Identifizierung: Identification.

Identität: Identity.

Identitätsanalyse: Identity analysis.

Identitätsausforschung: Identity interception.

Identitätskennzeichen: ID-card.

Implementierungsfehler: Implementation flaw.

Individuelle Protokollierbarkeit: Individual accountability.

Inferenz: Inference.

Inferenz-Schluß: Inferential closure.

Informationsdiebstahl: Information theft.

Informationsfluß: Information flow.

Informationsfluß-Analyse: Information flow analysis, security flow analysis.

Informationsfluß-Kontrolle: Information flow control.

Informationsfluß-Modell: Information flow model.

Informationsfluß-Sicherheit: Information flow security, traffic flow security.

Informationsintegrität: Information integrity.

Informationsschutz: Information protection.

Informationssicherheit: Information security.

Informationsverlust: Data leakage.

Informationszuverlässigkeit: Information reliability.

I - J - K

Initialisierungsvektor: Initialization vector.

Inspektion: Inspection.

Instanz mit Kompetenz: Authority.

Integrität: Integrity.

Integrität der Anwendung: Application integrity.

Integritätsabgrenzung: Integrity confinement.

Integritätsfehler: Integrity flaw.

Integritätsgrad: Integrity level.

Integritätspolitik: Integrity policy.

Integritätsschwachstelle: Integrity flaw.

Integritätssicherung: Integrity protection.

Integritätsverletzung: Integrity violation.

Intelligenter Angriff: Intelligent attack.

Intelligentes Gerät: Intelligent device.

Intelligentes Terminal: Intelligent terminal.

Interaktiver Beweisprozessor: Interactive theorem prover.

Interferenz: Interference.

Intermittierend: Intermittent.

Internes Subjekt: Internal subject.

Isolierung: Compartmentalization, containment, isolation.

J

Jährliche Schadenshöhe: Annual loss expectancy.

K

Kabelabschirmung: Cable shielding.

Kanal: Channel.

Kapselung: Encapsulation.

Kaskadenproblem: Cascading problem.

Katastrophe: Disaster.

Katastrophenplanung: Disaster planning.

Kategorie: Category.

Kennkarte: Badge.

Kenntnis nur wenn nötig: Need to know.

Kenntnisnahme: Disclosure. Vgl. Unauthorized disclosure.

Kenntnisnahme von Nachrichten: Message disclosure.

Kennung: Identifier.

Kennwort: Password, personal identification number (PIN).

Kennzeichen: Label.

K

Kennzeichen-Integrität: Label integrity.

Kennzeichnung: labeling, marking.

Kern: Kernel.

Klarlage: Clear mode.

Klartext: Clear text, plaintext.

Klasse: Class.

Klassisch-materielle Sicherheit: Physical security.

Kleinste Anzahl gemeinsamer Unterprogramme: Least common mechanism.

Knotenverschlüsselung: Node encryption.

Kommerzielle Bewertungsprüfung: Commercial product evaluation test.

Kommerzielles Bewertungsverfahren: Commercial product evaluation procedure.

Kommunikation: Chat.

Kommunikationskanal: Communication channel, port.

Kommunikationspartner: Agent.

Kommunikationsverbindung: Communication link.

Kommunikations-Feld-Integrität: Communications field integrity.

Kommunikations-Integrität: Communications integrity.

Komponente: Component.

Komponenten Referenzmonitor: Component reference monitor.

Komponenten-Sicherheit: Hook-up security.

Komposition: Hook-up.

Konfigurationsbewertung: Configuration accounting.

Konfigurationsidentifizierung: Configuration identification.

Konfigurationskontrolle: Configuration control.

Konfigurationsmanagement: Configuration management.

Konfigurationsprüfung: Configuration audit.

Kongruenz: Congruity.

Konsistenz: Consistency.

Konsistenz-Prüfung: Consistency checker.

Kontinuierliche Chiffre: Stream cipher.

Kontinuierliche Verschlüsselung: Stream cipher.

Kontrolle: Control, monitor.

Kontrolle der Nachrichtensteuerung: Routing control.

Kontrolle der Reihenfolge: Sequence control.

Kontrollieren: Monitor.

Kontrollierte Mehrstufen-Betriebsart: Controlled security mode.

Kontrollierter Bereich: Controlled area.

Kontrollierter Zugriff: Controlled access.

K - L

Kontrollprogramm für virtuelle Maschinen: Virtual machine monitor.

Kontrollzone: Control zone.

Kontroll-Richtlinien: Control guidelines.

Konventionelle Verschlüsselung: Conventional cipher.

Konzelation: Concealment.

Kopieren: Copy, piracy, download, duplicate.

Korrektheit: Correctness.

Korrektheitsbeweis: Correctness proof.

Korrektheitsprüfung: Proof of correctness.

Korrektur: Engineering change.

Kosten-Risiko-Analyse: Cost-risk analysis.

Kreditkarten-Betrüger: Carder.

Kriterien: Criteria.

Kritikalität: Criticality.

Kryptanalyse: Cryptanalysis.

Kryptieren: S. Verschlüsseln.

Kryptoanalyse: Cryptoanalysis.

Kryptodatenträger: Keying material.

Kryptogramm: Cipher text.

Kryptographie: Cryptography.

Kryptographische Prüfsumme: Cryptographic checksum.

Kryptographischer Schutz: Cryptographic protection.

Kryptographisches System: Cryptographic system.

Kryptologie: Cryptology.

Kryptosicherheit: Crypto security.

Kryptosystem: Cipher system, code system, crypto system.

Kryptosystem mit öffentlich bekanntem Schlüssel: Public key cryptosystem.

Kunststück: Hack (slang).

Kurzwahl: Abbreviated dialing.

L

Längssummenprüfung: Longitudinal redundancy check.

Lager: Repository.

Lauschangriff: Line-tap, interception, data interception, eavesdropping, wire tapping.

Lauter Alarm: S. alarm.

Leck: Leak, leakage.

Leitungsvermittlung: Circuit switching, line switching.

Leitungsverschlüsselung: Line encryption, link encryption.

Listen-orientierte Zugriffskontrolle: List-oriented access control.

Löschen: Degauss, delete, erase, purge, sanitize.

Löschgerät: Degausser.

Löschungsmuster: Erasure pattern.

Logisch sicherer Kanal: Logical secure channel.

Logische Bombe: Logic bomb.

Logische Vollständigkeitsbewertung: Logical completeness measure.

Logisches Sensitivitätskennzeichen: Sensitivity label.

M

Machbarkeit: Feasibility.

Magnetische Remanenz: Magnetic remanence.

Mangel an Kontrolle: Lack of control.

Manipulation: Manipulation, rewiring.

Manipulationserkennungscode: Manipulation detection code.

Manipulieren: Manipulating.

Manuelles Kryptosystem: Manual cryptosystem.

Marke: Label, tag.

Markierte Speicherarchitektur: Tagged architecture.

Markierung: Label, labeling, marking, tag.

Maskerade: Masquerading, masquerade.

Maskieren: Masking.

Massenverschlüsselung: Bulk encryption.

Maßnahme: Measure, mechanism.

Maßnahmenkatalog: Guideline.

Mathematischer Verband: Lattice.

Materielle Sicherheit: Physical security. Synonym mit klassisch-materieller Sicherheit.

Mehrstufen-Betrieb: Multilevel mode.

Mehrstufen-Gerät: Multilevel device.

Mehrstufen-Sicherheit: Multilevel security.

Mehrstufiges Subjekt eines Netzwerks: Multilevel network subjekt.

Meldelinie: Alarm line.

Merkmal: Token.

Methodik der Schwachstellenfindung: Flaw finding methodology.

Mietleitung: Leased line.

Mißbrauch: Abuse, misuse.

Mithören: Passive line tap.

M - N

Modell einer Sicherheitspolitik: Security policy model.

Modifizierung des Nachrichtenstroms: Message stream modification.

Modifikation: Modification.

Moduliertes Merkmal (MM): Modulated mark.

Monitor-Konzept: Monitor concept.

N

Nachricht: Message.

Nachrichten-Identifizierung: Message identification.

Nachbesserung: Retrofitting.

Nachlässigkeit: Laxity.

Nachrichten-Authentisierung: Message authentication.

Nachrichten-Authentisierungscode: Message authentication code.

Nachrichten-Authentisierungsverfahren: Message authentication computation.

Nachrichten-Authentizität: Message authenticity.

Nachrichten-Einfügung: Message insertion.

Nachrichten-Reihenfolge: Message order.

Nachrichtenveränderung: Message modification.

Nachrichten-Wiederholung: Playback.

Nachrichten-Zerstörung: Message destruction.

NAK-Angriff: NAK-attack.

Narrensicher: Foolproof.

Netzübergang: Bridge, gateway.

Netzverantwortlicher: Network sponsor.

Netzwerk-Referenzmonitor: Network reference monitor.

Netzwerk-Sicherheit: Network security.

Netzwerk-Sicherheitsarchitektur: Network security architecture.

Netzwerk-Wandern: Network weaving.

Neutrale Umgebung: Neutral environment.

Nicht-eingestufte Daten: Unclassified data.

Nicht-flüchtiger Speicher: Non-volatile memory.

Nicht-vertrauenswürdig: Untrusted.

Nicht-vertrauenswürdige Daten: Unconstrained data items.

Nicht-vertrauenswürdige Funktion: Untrusted function.

N - O - P

Nicht-vertrauenswürdiger Bereich: Untrusted region.

Nicht-vertrauenswürdiger Prozeß: Untrusted process.

Nicht brechbarer verschlüsselter Text: Unbreakable ciphertext.

Nicht freigegebene Software: Unapproved software.

Nicht zugelassenes Behältnis: Open storage.

Niedrigststufe: System low.

Niedrigwassermarke: Low water mark.

Notalarm: Emergency alarm.

Notfall: Contingency.

Notfall-Plan: Contingency plan, emergency plan, emergency response plan.

Notfall-Planung: Contingency procedure, emergency procedure.

Nur anfügen: Append only.

Nur für den Dienstgebrauch (NfD): For official use only (FOUO).

O

Objekt: Object.

Objekt-orientierte Architektur: Object-oriented architecture.

Öffentliche Hand: Public sector.

Öffentliche Information: Public information.

Öffentliches Netz: Public network.

Offenbaren: Reveal.

Offene Daten: Unclassified data.

Offene Information: Public information.

Offener Kanal: Overt channel.

Offener Sicherheitsbereich: Open security environment.

Offener Text: Plaintext.

Optische Sicherheit: Optical security.

Organisatorische Sicherheit: Administrative security, procedural security.

P

Partiell-feindliche Umgebung: Partially hostile environment.

Partner: Peer.

Partner Authentifizierung: Peer authentification.

Passive Bedrohung: Passive threat.

P

Paßwort: Password.

Paßwort-Algorithmus: Password algorithm.

Paßwort-Dialog: Password dialog.

Penetrationsbeschreibung: Penetration profile.

Penetrationstechnik: Penetration technique.

Penetrationstest: Penetration testing.

Perimeterüberwachung: Outdoor perimeter surveillance.

Peripherieüberwachung: Peripheral surveillance.

Persönlicher Identifizierungscode: Personal identification code.

Persönliche Identifizierungsnummer: Personal identification number (PIN).

Persönliches Identifizierungsmerkmal: Personal identifier.

Personenbezogene Daten: Personal data.

Personelle Sicherheit: Personnel security.

Personenbezogene Daten: Personal data.

Plausibilitätsprüfung: Reasonableness check.

Politik: Policy.

Präzedenzrecht: Case law.

Praktisch sicher: Practically secure.

Prinzip der Nicht-Zugreifbarkeit: Non-accessability principle.

Prinzip der Rangeigenschaft: Star security principle.

Privatrecht: Civil law.

Privatsphäre: Privacy.

Privileg: Privilege.

Probe: Check.

Problembereich: Issue.

Profil: Profile.

Programmbezogene Sicherheitsmaßnahme: Procedure protection mechanism.

Programmierfehler: Bug.

Programmierstil-Analyse: Programming style analysis.

Programmierte Sperre: Programmed lock.

Programmierte Suche: Scanning.

Programm-Diebstahl: Data program theft, program theft.

Protokoll: Audit trail, journal, protocol.

Protokolldatei: Audit file, log data set, log-file.

Protokollierbarkeit: Accountability, auditability.

Protokollierung: Auditing, logging.

Protokollierung von Ereignissen: Event recording.

Protokollierungsverfahren: Accounting.

Protokoll-basierter Schutz: Protocol based protection.

Prozedurales Sicherheitsmodell: Formulary model.

Prozeß: Process.

Prozeßrechner: Embedded computer system, process control computer.

Prüfbare Isolierung: Controllable isolation.

Prüfer: Auditor.

Prüfung: Check.

Prüfsumme des Protokollrahmens: Frame check sequence.

Q

Quellcodierung: Source coding.
Quelle: Source.
Quellprogramm: Source program.
Quittieren: Acknowledge.
Quittung: Acknowledgement.

R

Rangeigenschaft: *-property, star property.

Räuberisches Verhalten: Hooliganism.

Rauschen: Noise.

Reaktionszeit: Alarm response time.

Realisierbarkeit: Feasibility.

Realisierung: Enforcement.

Realzeit-Reaktion: Real-time reaction.

Rechnergestützte Schlüsselverteilung: Electronic key distribution.

Rechtmäßiger Kanal: Legitimate channel.

Rechtstreit: Litigation.

Redundante Sicherheit: Redundant security.

Redundanz: Redundancy.

Referenzmonitor: Reference monitor.

Referenzmonitor-Konzept: Reference monitor concept.

Referenzversion: Baseline.

Registrierung: Notarization, registration.

Reihenfolge der Fehlerkorrektur: Engineering change order (ECO).

Remanenz: Remanence.

Reservehaltung: Back-up.

Reservesystem: Stand-by system.

Revision: Audit.

Revisionsabteilung: Audit office.

Revisionsaufzeichnung: Audit log, audit trail.

Revisor: Auditor.

Richtigkeit: Correctness.

Richtigkeit der Programme: Program correctness.

Richtigkeitsprüfung: Accuracy control.

Richtlinie: Regulation.

Risikoanalyse: Risk analysis.

Risikobewertung: Risk assessment.

Risikomanagement: Risk management.

Risikoniveau: Level of risk.

Risiko-Wert-Analyse: Cost-risk analysis.

Robust: Rugged.

Robustheit: Robustness.

Rolle: Role.

Rot/Schwarz-Konzept: Red/Black concept.

Rückführbare Änderung: Restoreable change.

Rückmeldung: Acknowledgement.

Rückruf: Call back, dial back.

Rückrufautomatik: Port protection device.

Rückschlußentropie: Equivocation.

Rückwärtskonstruktion: Reverse engineering.

Rückweisung: Repudiation.

Ruftaste: Attention key, break key.

S

Sabotage: Sabotage.

Sabotagesicher: Sabotage-proof.

Sabotagesicherheit: Sabotage security.

Säubern: Sweep.

Salamitaktik: Salami tactic.

Salamitechnik: Salami technique.

Schalter: Toggle.

Scheinfehler: Pseudo-flaw.

Schloß: Lock.

Schloß-Schlüssel-Sicherheitssystem: Lock-and-key protection system.

Schlüssel: Key.

Schlüsselmanagement: Key management.

Schlüsseltext: Cipher text, crypto text.

Schlüsselverteilsystem: Key management system.

Schlüsselverteil-Kanal: Crypto distribution channel.

Schlüsselverteil-Stelle: Crypto distribution agency.

Schlüsselverwalter: Crypto custodian.

Schlüssel-Generierung: Key generation.

Schlüssel-Verteilkanal: Key distribution channel.

Schlüssel-Verteilung: Key distribution.

Schlüssel-Verteil-Zentrale: Key distribution center.

Schlupfloch: Loophole.

Schnitzer: Blunder.

Schnüffeln: Snooping.

Schreibring: File protection ring.

Schreib-Unterdrückung: Print suppress.

Schutz: Protection.

Schutz gegen Bloßstellung: Compromise protection.

Schutz vor Preisgabe: Compromise protection.

Schutzbedürftige Teile: Protection critical portions.

Schutzebene: Level of protection.

Schutzmechanismus: Protection mechanism.

Schutzphilosophie: Protection philosophy.

Schutzring: Protection ring.

Schutzumgebung: Domain.

Schutz-Primitive: Protection primitives.

Schwäche kurzer Schlüssel: Weakness of short keys.

Schwachstelle: Flaw, susceptibility, vulnerability.

Schwachstellenanalyse: Vulnerability analysis.

Schwachstellenbewertung: Vulnerability evaluation.

Schwindel: Fraud.

Schwindler: Impostor.

Semantikprüfer: Semantic checker.

Sender: Transmitter.

Sende- und Empfangsbeweis: Non-repudiation.

Sensibilisierung: Awareness.

Sensibilisierung für Sicherheitsfragen: Security awareness.

Sensitive Information: Sensitive information.

Sensitiver Bereich: Sensitive area.

Sensitivität: Sensitivity.

Sensitivitätskennzeichen: Security label, sensitivity label (logisch); security marking (physisch).

Sensitivitätsmarke: Sensitivity tag.

Sensitivitätsskala: Sensitivity scale.

Sensitivitätsstufe: Sensitivity level.

Serieller Betrieb: Serial mode.

Service-Prozeß: Service machine.

S

Sicherer Dateirechner: Secure file server.

Sicherer Druckrechner: Secure print server.

Sicheres Konfigurationsmanagement: Secure configuration management.

Sicheres System: Trusted system.

Sicherheit: Safety, security.

Sicherheit vor Kenntnisnahme: Safety from disclosure.

Sicherheit vor Zerstörung: Safety from destruction.

Sicherheit während des Betriebs: Operational data security, operations security.

Sicherheitsalarm: Security alarm.

Sicherheitsanalyse: Security analysis.

Sicherheitsanalytiker eines Anbieters: Vendor security analyst.

Sicherheitsanforderungen: Security requirements.

Sicherheitsanweisung: Security directive.

Sicherheitsarchitektur: Security architecture.

Sicherheitsattribut: Security attribute.

Sicherheitsbeauftragter: Security administrator, security coordinator, security manager, security officer.

Sicherheitsbeauftragter für Fernmeldesicherheit: Comsec officer.

Sicherheitsbereich: Secure area, secure working area, security domain.

Sicherheitsbewußtsein: Security awareness.

Sicherheitsfilter: Security filter.

Sicherheitsgrenze: Security perimeter.

Sicherheitshandbuch: Security manual.

Sicherheitskennzeichen: Security label.

Sicherheitskern: Security kernel.

Sicherheitskern-Konzept: Security kernel concept.

Sicherheitskonsole: Security console, security terminal.

Sicherheitskontrollen: Security controls.

Sicherheitskonzept: Security concept.

Sicherheitsmaßnahme: Countermeasure, security element, security feature, security measure, security procedure.

Sicherheitsmodell: Security model.

Sicherheitsoffizier: Security officer.

Sicherheitspolitik: Security policy.

Sicherheitsprogramm: Security program.

S

Sicherheitsprotokoll: Security audit trail, security log.

Sicherheitsprüfung: Security testing.

Sicherheitsprüfung und -bewertung: Security test and evaluation.

Sicherheitsrelevante Tabellen: Security tables.

Sicherheitsrelevanter Kanal: Security-compliant channel.

Sicherheitsrelevantes Ereignis: Security incident, security relevant event.

Sicherheitsrevisor: Security auditor.

Sicherheitsrichtlinie: Security guideline, security regulation.

Sicherheitsschloß: Security lock.

Sicherheitsschwachstelle: Security flaw.

Sicherheitssoftware: Security software.

Sicherheitsstandard: Security standard.

Sicherheitsstufe: Security level.

Sicherheitsterminal: Security terminal.

Sicherheitsüberprüfung: Security audit.

Sicherheitsvalidierung: Security validation.

Sicherheitsverfahren: Security technique.

Sicherheitsverifizierung: Security verification.

Sicherheitsverletzung: Security violation, breach.

Sicherheitsvorkehrung: Safeguard.

Sicherheitsvorschriften: Security instructions, security regulations, security standard.

Sicherheitswächter: Multinet gateway, secure bridge, secure gateway, security guard.

Sicherheitszone: Security zone.

Sicherheits-Teilsystem: Security subsystem.

Siegel: Seal.

Signalverstümmelung: Signal mutilation.

Skalierung der Schwachstellen: Vulnerability scaling.

Softwarediebstahl: Software piracy.

Software-Sicherheit: Software security.

Sondieren: Probing.

Spannungseinbruch: Power brownout.

Speicher: Memory, repository.

Speichergrenzen: Memory bounds.

Speicherkanal: Storage channel.

Speicherobjekt: Storage object.

Speicherschutz: Memory protection, storage protection.

Speicherschutzschlüssel: Storage protection key.

S

Speicherzugriffskontrolle: Memory access control.

Speicherzugriffsschutz: Fetch protection.

Sperren von Daten: Locking of data.

Sperrwort: Lock word.

Spezifikation: Specification.

Spezifikationssprache: Specification language.

Spezifikations-/Verifikationsprozeß: Specification/verification process.

Spezifikations-/Verifikationssystem: Specification/verification system.

Spezifizieren der Sicherheitsanforderungen: Security requirements specification.

Spiegelverfahren: Com mode.

Spieler: Freak, freaker, phreaker.

Spionage: Espionage.

Spracherkennung: Speech identification.

Steganographie: Steganography.

Standleitung: Dedicated line, leased line.

Statement-Prüfung: Statement testing.

Statement-Test: Statement testing.

Stichprobe: Random check.

Stiller Alarm: S. alarm.

Stimmabdruck: Voice print.

Stimmerkennung: Voice print identification.

Störfaktor: Interference factor.

Störung: Failure, interference, malfunction, noise.

Störverkehr: Spurious traffic generation.

Strafbestimmungen: Penal provisions.

Strafrecht: Criminal law, penal law.

Straftat: Punishable act. Z.B. gem. BDSG und 2. WiKG.

Streng geheim: Top secret.

Stromausfall: Power failure.

Subjekt: Principal, subject.

Subjekt-Sensitivitätskennzeichen: Subject sensitivity label.

Subversion: Subversion.

Suchen: Scanning.

Suchen und Auswerten: Scavenging.

Symmetrischer Algorithmus: Symmetric algorithm.

Syntaxprüfer: Parser, syntax checker.

Systemabsturz: Breakdown.

Systemabweichung: System glitch.

Systemaufruf: System call.

Systemintegrität: System integrity.

Systemstillstand: Deadlock.

Systemzusammenbruch: Breakdown, system crash.

T

Täter: Culprit, perpetrator.
Täterbild: Perpetrator typology.
Täuschung: Fraud.
Täuschungsalarm: Deceptive alarm.
Tastatur-Grabscher: Keyboard grabber.
Technische Schwachstelle: Technical vulnerability.
Technologischer Angriff: Technological attack.
Tor: Gate.
Totale Isolierung: Total isolation.
Transitivität: Transitivity.
Transportkontrolle: Communication control.
Trojanisches Pferd: Trojan horse.

U

Überbleibsel: Residue.
Überbrückung: By-pass.
Übergabe-Bestätigung: Delivery notification.
Übergang: Exportation.
Übergangssystem: Intermediate system.
Überlastungstest: Stress testing.
Überlistung: Circumvention.
Übermittlungsverschlüsselung: End-to-end encryption.
Überprüfen der Speichergrenzen: Bounds checking.
Überprüfung: Audit.
Überschlüsselung: Multiple encryption, superencipherment, superencryption.
Überschreiben: Overprinting, overwriting, pattern writing.
Übersprechen: Cross-talk.
Übertragung: Migration.
Übertragungsgeschwindigkeit: Data signalling rate, baud rate.
Übertragungssicherheit: Transmission security.
Übertragungsverschlüsselung: Communications encryption.
Überwachen: Monitor.
Überwachung von Eindringversuchen: Threat monitoring.
Überwachung: Surveillance, monitor.
Überwachungsinstanz: Surveillance authority.
Überzeugung: Belief.
Umfeld: Perimeter.

U

Umgebung: Environment.

Umgehung: By-pass.

Umgrenzung: Perimeter.

Umkehrbare Änderung: Reversible change.

Umleitung: By-pass.

Unbeabsichtigt: Accidental, inadvertant, unintentional.

Unbeabsichtigte Kenntnisnahme: Inadvertant disclosure, see page.

Unbeabsichtigter Informationsfluß: Inadvertant disclosure.

Unbedingt sicher: Unconditionally secure.

Unbefugter: S. Unberechtigter.

Unbefugter Zugang: S. unberechtigter Zugang.

Unberechtigt: Illegal, illicit, unauthorized.

Unberechtigte Einleitung (zusätzlicher) Nachrichten: Spurious association initiation.

Unberechtigte Kenntnisnahme: Unauthorized disclosure.

Unberechtigte Kenntnisnahme von Daten: Bitnapping.

Unberechtigte Vervielfältigung: Straggler.

Unberechtigte Verzögerung: Straggler.

Unberechtigter: Unauthorized subject.

Unberechtigter Zugang: Unauthorized entry.

Unberechtigter Zugriff: Unauthorized access, snarf.

Unberechtigtes Kopieren: Doubling, duplicate, piracy.

Unberechtigtes Durchsuchen: Electronic trespassing.

Unechter Alarm: False alarm.

Unehrlicher Mitarbeiter: Dishonest employee.

Ungestörtheit: Non-interference.

Ungültiger Empfang: Invalid reception.

Unintelligentes Gerät: Dumb device.

Unintelligentes Terminal: Dumb terminal.

Unregelmäßig: Intermittent.

Unterbrechung: Trap.

Unterbrechungssteuerung: Trap server.

Unterschriftserkennung: Signature identification.

Untersuchung: Investigation.

Unvollständige Parameter-Prüfung: Incomplete parameter checking.

Unvorhergesehene Gefahren: Hazards.

Unzugängliche Datei: Hidden file, inaccessible file.

Urheberrechtschutz: Copyright protection.

Ursprung: Source.

V

Validierung: Validation.
Veränderung: Alteration.
Veränderung einer Nachricht: Message modification.
Veränderung von Daten: Data diddling.
Verärgerter Mitarbeiter: Disgruntled employee.
Verantwortlicher: Custodian, responsible person.
Verbandsmodell: Lattice model.
Verbesserung: Enhancement.
Verbindung: Connection, hook-up.
Verborgen: Clandestine.
Verbot: Interdiction.
Verbreiten: Disseminate.
Verdeckter Kanal: Covert channel.
Verdeckter Speicherkanal: Covert storage channel.
Verdeckter Zeitkanal: Covert timing channel.
Vereitelung: Circumvention.
Verfälschung: Corruption.
Verfälschungswahrscheinlichkeit: Probability of corruption.
Verfahren: Feature.
Verfügbarkeit: Availability.
Verfügungsrecht: Access right.
Vergehen: Perpetration.
Verhinderung: Circumvention.
Verhütung: Prevention.
Verifikation: Verification.
Verifikationssprache: Verification language.
Verifikationstechnik: Verification technique.
Verkehrsanalyse: Traffic analysis.
Verkehrsflußanalyse: Traffic flow analysis.
Verknüpfung: Linkage.
Verletzung: Contamination.
Verlust von Daten: Data leakage, data loss.
Verlustwahrscheinlichkeit: Probability of loss.
Vermeidung: Prevention.
Vermeidung der Benachrichtigung über die Nicht-Übergabe: Prevention of non-delivery notification.
Vermittlung: Mediation.
Vernichtung: Deletion.
Versagen: Failure.
Verschleierung: Scrambling, camouflage, concealment.
Verschlüsseln: Encrypt, encipher.
Verschlüsselung: Encryption, encipherment.
Verschlüsselungsalgorithmus: Encryption algorithm.
Verschlüsselungsgerät: Crypto equipment, crypto device, cryptographic device.

Verschlüsselungskarte: Data cipher board, encryption board, encryption card.

Verschlüsselungsprozeß: Crypto-operation.

Verschlüsselungssicherheit: Crypto security, encryption security.

Verschlüsselungssiegel: Crypto seal.

Verschlüsselungstechnik: Encryption technique.

Verschlüsselungsverfahren: Code system, crypto method, crypto system.

Verschlüsselungszustand: Cipher mode.

Verseuchung: Contamination.

Versionskontrolle: Release check.

Versteckte Datei: Hidden file, inaccessible file.

Verstümmelung: Contamination.

Versuch: Attempt.

Verteidigungstiefe: Defensive depth.

Verteilte vertrauenswürdige Netzwerk-Rechenbasis: Partitioned NTCB.

Vertrauen: Assurance, reliance, trust.

Vertrauenswürdig: Trusted, trustworthy.

Vertrauenswürdige Anwendung: Trusted application.

Vertrauenswürdige Basis einer Netzwerkkomponente: Trusted network component base.

Vertrauenswürdige Daten: Constrained data (items).

Vertrauenswürdige Funktion: Trusted function.

Vertrauenswürdige Funktionalität: Trusted functionality.

Vertrauenswürdige Komponente: Trusted component.

Vertrauenswürdige Mehrstufen-Betriebsart: Multilevel security mode.

Vertrauenswürdige Netzwerkbasis: Trusted network base.

Vertrauenswürdige Netzwerk-Rechenbasis: Network trusted computing base.

Vertrauenswürdige Rechenbasis: Trusted computing base.

Vertrauenswürdige Software: Trusted software.

Vertrauenswürdige Wartung: Trusted maintenance.

Vertrauenswürdiger Anbieter: Trusted vendor.

Vertrauenswürdiger Bereich: Trusted region.

Vertrauenswürdiger Herabstufer: Trusted downgrader.

Vertrauenswürdiger Hochstufer: Trusted upgrader.

Vertrauenswürdiger Kanal: Trusted channel.

Vertrauenswürdiger Kommuni-

kationsweg: Trusted communication path.

Vertrauenswürdiger Prozeß: Trusted process, trusted server.

Vertrauenswürdiger Übertragungsweg: Trusted path.

Vertrauenswürdiger Wächter: Trusted guard.

Vertrauenswürdiges DV-System: Trusted computing system.

Vertrauenswürdiges Kennzeichen: Trusted label.

Vertrauenswürdiges lokales Netzwerk: Trusted LAN.

Vertrauenswürdiges Subjekt: Trusted subject.

Vertrauenswürdiges System: Trusted system.

Vertrauenswürdiges Übertragungsweg-Protokoll: Trusted path protocol.

Vertraulich: Confidential, sensitive.

Vertraulichkeit: Confidentiality, sensitivity.

Vertraulichkeit der Anwendung: Application confidentiality.

Vertraulichkeit der Daten: Data confidentiality.

Vertraulichkeit des Datenverkehrs: Traffic confidentiality.

Vertraulichkeit des Verkehrsflusses: Traffic flow confidentiality.

Vertreiben: Disseminate.

Vertrieb: Dissemination.

Veruntreuung: Embezzlement.

Verweigern von Diensten: Denial of service.

Verwertbarer Kanal: Exploitable channel.

Verwertung: Exploitation.

Verwundbarkeit: Vulnerability.

Vier-Augen-Prinzip: Two-person rule.

Virus: Virus.

Vollständige Suche: Exhaustive search.

Vollständigkeit: Completeness.

Vollständigkeitsprüfung: Completeness checker.

Vorgeschriebene Zugriffskontrolle: Mandatory access control.

Vorkehrungen gegen Veränderung: Provisions against modification.

Vorläufige Produktbewertung: Preliminary product evaluation.

Vorläufiges Bewertungsverfahren: Preliminary evaluation process.

Vorsätzlich: Deliberate.

Vorsichtsmaßnahmen: Precautions.

Vorwarnung: Advance warning.

W - Z

W

Wächter: Guard.

Wählleitung: Dial-up line, switched line.

Wählverbindung: Switched connection.

Wahrscheinlichkeit des Falschlaufens: Probability of wrong delivery.

Wasserschaden: Water damage.

Wegewahl: Selective routing.

Weitergabe: Disclosure, dissemination.

Weitergabe der Berechtigung: Propagation of authorization.

Weitergeben: Disclose, disseminate.

Weitverkehrsnetz: Long haul network, wide area network.

Werkzeug: Instrumentation.

Widerruf der Berechtigung: Revocation of authorization.

Widersacher: Adversary.

Widerstand: Resistance.

Widerstandsfähigkeit: Strength.

Widerstandsfähigkeit gegen Eindringversuche: Tamper resistance.

Widerstandswert: Work factor.

Widerstandswert kryptographischer Verfahren: Cryptographic leverage.

Wiedereinspielen: Play-back, replay.

Wiederherstellung: Recovery.

Wiederholen von Nachrichten: Message replay.

Wiederverwendung: Reuse.

Wirtschaftlichkeit der Mechanismen: Economy of mechanism.

Wurm: Worm.

Wurmloch: Worm-hole.

Z

Zeitabhängiges Paßwort: Time-dependent password.

Zeitbombe: Time bomb.

Zeitdiebstahl: Computer abuse, larceny, unauthorized use of computer related facilities.

Zeitsperre: Time-out.

Zeitüberschreitung: Time-out.

Zerstören einer Nachricht: Message destruction.

Zerstören von Daten: Rape.

Zerstörung: Deletion, destruction.

Zertifikat: Certificate.

Zertifizierung: Certification.

Zufallsausfall: Random failure.

Z

Zufällig: Accidental, random.

Zugang: Access.

Zugangskontrollausweis: Access card.

Zugangskontrolle: Physical access control.

Zugelassene Leitung: Approved circuit.

Zugreifbarkeit: Accessibility.

Zugriff: Access.

Zugriffsart: Access mode.

Zugriffsattribut: Access attribute.

Zugriffsberechtigung: Access authorization.

Zugriffsbeschränkung: Restricted environment (RE).

Zugriffserlaubnis: Access permission.

Zugriffskategorie: Access category.

Zugriffskontrolle: Access control.

Zugriffskontrollsoftware: Access control software.

Zugriffskontrollsystem (ZKS): Access control system.

Zugriffskontroll-Maßnahme: Access control mechanism.

Zugriffskontroll-Matrix: Access control matrix, access matrix.

Zugriffskontroll-Mechanismus: Access control mechanism.

Zugriffskontroll-Routine: Access control procedure.

Zugriffsliste: Access control list, capability list.

Zugriffsmatrix: Access matrix.

Zugriffsmatrix-Modell: Access matrix model.

Zugriffsmodell: Access model.

Zugriffsprofil: Access profile, capability, profile.

Zugriffsrecht: Access permission, access privilege, access right, capability.

Zugriffsrechtsbegrenzung: Least privilege.

Zugriffstabelle: Access control table, access control list, access list.

Zugriffstyp: Access type.

Zugriffsverwaltung: Access management.

Zugriffszeit: Access time.

Zugriffszeitintervall: Access period.

Zugriffszeitraum: Access period.

Zulassung: Accreditation, authorization.

Zulassungsintervall: Accreditation range.

Zulassungsstelle: Accreditation authority.

Zulassungsverfahren: Accreditation procedure.

Zurückladen: Upload.

Zusammenarbeit: Interoperability.

Z

Zusammenbrechen(lassen): Thrashing.

Zusammenführen von Dateien: Pooling of data.

Zusammensetzen: Compose, hook-up.

Zusammensetzung: Composition, hook-up.

Zuständige Zulassungsstelle: Designated approving authority.

Zuständigkeit: Authority.

Zustandsmodell: State machine model, state transition model.

Zutritt: Access.

Zuverlässigkeit: Reliability.

Zuverlässigkeitsschwachstelle: Reliability flaw.

Zwischensystem: Intermediate system.

Zyklische Blockprüfung: Cyclic redundancy check.

Teil III

Abkürzungen - Abbreviations

A

A	An evaluation division of the TCSEC requiring verified protection
A1	An evaluation class of the division A of the TCSEC requiring a verified design
AA	Accreditation Authority
AC	Access Control
ACC	Access Control Center
ACE	Access Control List Entry
ACF2	Access Control Facility 2
ACID	ACcess IDentifier
ACL	Access Control List
ACV	Access Control Verification
ADP	Automatic Data Processing
ADPS	Automated Data Processing System
ADPSSO	ADP System Security Officer
ADV	Automatisierte Daten-Verarbeitung
AFIM	AFter IMage
AIM	After IMage
AIS	Automated Information System
AISS	Automated Information Systems Security
ALE	Annual Loss Expectancy
ANNA	ANNotated Ada language
ANSI	American National Standards Institute
AP	Authentication Parameter
APF	Authorized Program Facility
ARE	Administrator Restricted Environment
ARPA	Advanced Research Project Agency
ARPANET	Advanced Research Projects Agency NETwork
ARQ	Automatic ReQuest
ASCII	American Standard Code for Information Interchange
ASD	Advanced Secure Dbms. Advanced Secure Data base management system
ASIS	American Society for Industrial Security
ASOS	Army Secure Operating System
AST	Asynchronous System Trap
ATM	Automated Teller Machine

A - B - C

AUTODIN	AUTOmatic DIgital Network	**BS**	British Standards institution
AVE	Ada Verification Environment		

B

B	An evaluation division of the TCSEC requiring mandatory protection
B1	An evaluation class of the division B of the TCSEC requiring labeled security protection
B2	An evaluation class of the division B of the TCSEC requiring structured protection
B3	An evaluation class of the division B of the TCSEC requiring security domains
BCC	Block Check Character
BDSG	Bundes-DatenSchutz Gesetz
BI	Background Investigation
BIM	Before IMage

C

C	Confidential
C	An evaluation division of the TCSEC requiring discretionary protection
C1	An evaluation class of the division C of the TCSEC requiring discretionary access protection
C2	An evaluation class of the division C of the TCSEC requiring controlled access protection
CA	Certification Authority
CAC	Computer Artists Cologne
CAM	Controlled Access Mechanism
CAP	Cable Access Point
CBC	Cipher Block Chaining
CCC	Chaos Computer Club

C

CCEP	Commercial COMSEC Endorsement Program
CCIR	Comite Consultatif International de Radiocommunication
CCITT	Comite Consultatif International Telegraphique et Telefonique
CDI	Constrained Data Item
CEN	Conference Europeen de Normalisation
CENELEC	Comite Europeen de Normalisation ELECtrotechnique
CEPT	Conference Europeenne des administrations des Postes et Telecommunications
CESSO	Computer Equipment System Security Officer
CFB	Cipher FeedBack
CHME	CHange Mode to Executive instruction
CHMK	CHange Mode to Kernel instruction
CHMS	CHange Mode to Supervisor instruction
CHMU	CHange Mode to User instruction
CI	Compartmented Information
CIA	Compound Intrusion Analysis
CICS	Customer Information Control System
CLI	Command Language Interpreter
CMW	Compartmented Mode Workstation
COCOM	COordinating COmmittee for Multilateral Exports Control
COMPUSEC	COMPUter SECurity
COMSEC	COMmunication SECurity
COST	COoperation europeene dans le domaine de la recherche Scientifique et Technique
COTS	Commercial Off-The Shelf
CPL	Consolidated Product List
CPPM	Computer Protection Program Manager
CPU	Central Processing Unit
CRC	Cyclic Redundancy Check
CRC	Cyclic Redundancy Code
CSC	Computer Security Center
CSR	Control and Status Register
CSRP	Computer Security Reporting Program
CTAK	ChipherText AutoKey

D

D	An evaluation division of the TCSEC requiring minimal protection, untrusted system
DA	District Attorney
DAA	Designated Approving Authority
DAC	Discretionary Access Control
DAC	Data Authentication Code
DARPA	Defense Advanced Research Projects Agency
DBMS	Data Base Management System
DBR	Data Buffer Register
DCE	Data Circuit-terminating Equipment
DCL	Digital Command Language
DDA	Deputy District Attorney
DDN	Defense Data Network
DEA	Data Encryption Algorithm
DEC	Digital Equipment Corporation
DEE	Data Encryption Equipment
DEE	DatenEndEinrichtung
DEK	Data Encrypting Key
DES	Data Encrypting Standard
DIB	Directory Information Base
DIN	Deutsches Institut für Normung
DIT	Directory Information Tree
DKE	Deutsche Kommission für Elektrotechnik
DoD	Department of Defense
DoDCSC	Department of Defense Computer Security Center (Vorgänger des NCSC)
DOE	Department Of Energy
DOS	Denial Of Service
DSA	Departmental Security Administrator
DSD	Data Security Device
DSG	Digital SiGnature
DSS	Distributed Secure System
DTE	Data Terminal Equipment
DTLS	Descriptive Top-Level Specification

E

EAM	Electronic Accounting Machine
EC	Engineering Change
EC	European Community
ECB	Electronic Code Book
ECC	Error Correction Code
ECMA	European Computer Manufacturers Association
ECO	Engineering Change Order
ECREA	European ConfeREnce of Associates of telecommunications industry
ECTEL	European Conference of Telecommunications and ELectronics industry (EUCATEL + ECREA)
EDC	Error Detection Code
EDPA	Electronic Data Processing Auditor
EEE	End-to-End Encryption
EFT	Electronic Funds Transfer
EG	Europäische Gemeinschaft
EHDM	Enhanced Hierarchical Development Methodology
EMC	ElectroMagnetic Compatibility
EKD	Electronic Key Distribution
EMI	ElectroMagnetic Interference
EMP	ElectroMagnetic Pulse
EMR	ElectroMagnetic Radiation
EMSEC	EManations SECurity
EMV	ElektroMagnetische Verträglichkeit
EPL	Evaluated Products List
ESD	Electronic Systems Division
ESPRIT	European Strategic ProgRam for Information Technology
ETL	Evaluated Tool List
EUCATEL	EUropean Conference of Associations of TELecommunications Industry
EUROBIT	EURopean association of manufacturers of BusIness machines and data processing equipmenT
EVES	Environment for Verifying and Evaluating Software
E3	End-to-End Encryption
E/D	data Encryption/Decryption device

F

FAR	False Alarm Rate
FCL	Facility (security) CLearance
FCS	Frame Check Sequence
FDM	Formal Development Methodology
FILSEC	FILe SECurity
FIPS	Federal Information Processing Standard
FOI	Freedom Of Information
FOIA	Freedom Of Information Act
FORSCOM	FORceS COMmand gateway
FOUO	For Official Use Only
FRD	Formerly Restricted Data
FSO	Facility Security Officer
FTLS	Formal Top-Level Specification
FTP	File Transfer Protocol
FTZ	Fernmeldetechnisches Zentralamt

G

GAC	Global Access Checking
GAD	General Accounting Office
GEMSOS	GEMini Secure Operating System
GMA	GefahrenMeldeAnlage
GSA	General Services Administration
GSOIA	General Security Of Information Agreement
GSOS	Gemini Secure Operating System
GVE	Gypsy Verification Environment
GWY	GateWaY
G/Way	GateWay

H

HDM	Hierarchical Development Methodology
HFEP	Host Front-End Protocol
HIP	Host Interface Processor
HWM	High Water Mark

I

IBM	International Business Machines Corp.
ICD	Interface Control Document
ICV	Initial Chaining Value
ID	IDentification
IDES	Intrusion Detection Expert System
IDM	Intrusion Detection Model
IDS	Intruder Detection System
IEC	International Electrotechnical Commission
IEC	Interrupt Exception Conditions
IEEE	Institute of Electrical and Electronics Engineers
IFRB	International Frequency Registration Board
IIIC	International Information Industry Congress
IK	Interchange Key
IK ID	Interchange Key IDentifier
IMP	Interface Message Processor
INFOSEC	INFOrmation SECurity
INTAMIC	INTernational Association for MIcrocircuit Cards
IP	Internet Protocol
IPAR	Initial Product Assesment Report
IPC	Inter-Process Communication.
IPLI	Internet Private Line Interface
IPR	Impostor Pass Rate
IPR	Internal Processor Register
IRM	Information Resource Management
ISB	Industrial Security Bulletin
ISDN	Integrated Services Digital Network
ISO	International Standards Organization
ISOS	InSecure Operating System
ISSO	Information System Security Officer
IT	InformationsTechnik
ITP	Interactive Theorem Prover
ITSTC	Information Technology STeering Commitee
ITTTF	Information Technology and Telecommunications Task Force
ITU	International Telecommunication Union

IT-AEGC	Information Technology Ad hoc Expert Group on Certification	**KGB**	Key Grant Block
		KGB	Knacker Group Bavaria
IT-AEGM	Information Technology Ad hoc Expert Group on MAP	**KIP**	Kernel Interface Package
IT-AEGS	Information Technology Ad hoc Expert Group on Standardization	**KMIP**	Key Management Interface Processor
		KMS	Key Management System
IV	Initialization Vector	**KPA**	Key Purchase Attack
IVP	Integrity Verification Procedure	**KSOS**	Kernelized Secure Operating System
		KVM	Kernelized Virtual Machine Facility (VM/370)
		KVM	Kernelized operating system VM

J

JIB   Job Information Block

L

LAN	Local Area Network
LDPCTX	LoaD Processor ConTeXt instruction
LHN	Long Haul Network
LOCK	LOgical Coprocessing Kernel
LRC	Longitudinal Redundancy check
LSC	Logical Secure Channel
LWM	Low Water Mark

K

KAK	Key AutoKey
KCC	Key Communication Center
KDC	Key Distribution Center
KEK	Key encrypting Key

M

MAC	Mandatory Access Control
MAC	Message Authentication Code
MAC	Message Authenticity Computation
MC	Multiple Compartments
MDC	Manipulation Detection Code
MDC	Modification Detection Code
ME2	Military message Embedded Executive
MFM	Message Flow Modulator
MFPR	Move From Processor Register instruction
MLS	MultiLevel Security, MultiLevel Secure
MM	Moduliertes Merkmal
MPC	Message Privacy Computation
MSM	Message Stream Modification
MLSLAN	MultiLevel Secure Local Area Network
MTPR	Move To Processor Register instruction
MULTICS	MULTiplexed Information and Computing Service
MWT	Maximum Waiting Time
m-EVES	S. EVES

N

N	Not cleared but authorized access to sensitive unclassified information or Not classified but sensitive
NAC	Network Access Control
NAK	Negative AcKnowledgement
NAS	Network Authentication Server
NATO	North Atlantic Treaty Organization
NBS	National Bureau of Standards
NCCF	Network Communication Control Facility
NCSC	National Computer Security Center
NCSC	National Communications Security Comittee
NEMP	Nuclear ElectroMagnetic Pulse
NfD	Nur für den Dienstgebrauch
NFE	Network Front End
NI	Normungsausschuß Informationsverarbeitung
NIU	Network Interface Unit
NKSRS	Non Kernel Security-Related Software

NOFORN	NOt releasable to FOReign Nationals
NOS	Network Operating System
NSA	National Security Agency
NSA	Network Security Archetecture
NSC	Network Security Center
NSDD-145	National Security Decision Directive 145
NSM	Network Security Module
NSTAC	National Security Telecommunications Advisory Committee
NTAISS	National Telecommunications and Automated Information Systems Security
NTCB	Network Trusted Computing Base
NTIS	National Technical Information Service
NTISS	National Telecommunications and Information System Security
NTISSAM	National Telecommunications and Information Systems Security Advisory Memorandum
NTISSC	National Telecommunications and Information Systems Security Committee
NUA	Network User Address
NUI	Network User Identity

O

OA System	Office Automation System
OASIS	Open and Secure Information Systems
O. B.	Orange Book
OFB	Output FeedBack
OMB	Office of Management and Budget
OPCOM	OPerator COmmunication Manager
OPSEC	OPerational SECurity
OSI	Open Systems Interconnection
OSIS	Open Shops for Information Systems
OUO	Official Use Only

P

PABX	Private Automatic Branch EXchange
PAD	Packet Assembler/Disassembler

P - Q - R

PAS	Personal Authentication System
PC	Personal Computer
PC	Program Counter
PCB	Process Control Block
PCL	Personnel (security) CLearance
PCZ	Physical Control Zone
PDP	Programmable Data Processor
PDU	Protocol Data Unit
PERSEC	PERsonnel SECurity
PHD	Process HeaDer
PHYSEC	PHYsical SECurity
PIC	Personal Identification Code
PID	Process IDentification
PIN	Personal Identification Number
PKC	Publik Key Cryptosystem
PKCS	Public Key Crypto-System
PKE	Public Key Encryption
PLM	Programmiersprache auf der Basis von PL/I
PPD	Port Protection Device
PPL	Preferred Product List
PRM	Protocol Reference Model
PRM	Protocol Reference Monitor
PROBER	PROBE Read instruction
PROBEW	PROBE Write instruction
PROPIN	caution - PROPrietary INformation involved
PSL	Processor Status Longword
PSOS	Provable Secure Operating System
PSW	Processor Status Word
PTE	Page Table Entry
PTT	Postes, Telephone et Telegraphe
PU	Processing Unit
PWDS	Protected Wireline Distribution System

Q

QPL	Qualified Product List

R

RAC	Resource Access Control
RACF	Resource Access Control Facility

R - S

RAMP	RAtings Maintenance Program	**SAK**	Secure Attention Key
RAP	Restricted Access Processor	**SAT**	Secure Ada Target
		SBI	Special Background Investigation
RD	Restricted Data	**SCA**	Security Central Administrator
RE	Restricted Environment		
RECON	RECONaissance guard	**SCA 85**	Smart Card Algorithm 1985
REI	Return from Exception or Interrupt instruction	**SCC**	Secure Communication Center
RETP	RETention Period		
RMC	Reasonable Modern Computer	**SCI**	Sensitive Compartmented Information
RMS	Record Management Services, Record Manager Services	**SCOMP**	Secure COMmunications Processor
		SCP2	Secure Communications Processor 2
RSA	Rivest-Shamir-Adleman	**SDNS**	Secure Data Network System
RSRE	Royal Signal and Radar Establishment, England	**SDOS**	Secure Distributed Operating System
		SDU	Service Data Unit
		SDVS	State Delta Verification System

S

		SeaView	Secure data Views
S	Secret	**SFA**	Security Fault Analysis
SAC	Secure Access Controller	**SID**	Swift Interface Device
SACDIN	Strategic Air Command DIgital Network	**SIDEARM**	System-Independent, Domain-Enforcing, Assured Reference Monitor
SAISS	Subcommittee for Automated Information Systems Security (of NTISSC)		
		SKE	Single Key Encryption
		SKIP	SCOMP Kernel Interface Package

S - T

SLAN	Secure Local Area Network
SLI	Secure Local area Interface
SLS	Second Level Specification
SMTP	Simple Mail Transfer Protocol
SNI	Secure Network Interface
SNS	Secure Network Server
SO	Security Officer
SOS	Secure Operating System
SPAG	Standards Promotion and Application Group
SPECIAL	SPECIfication and Assertion Language
SPM	Security Protection Module
SPRM	Secure Protocol Reference Model
SRM	Shared Resource Matrix
SS	Secure Sockets
SSA	System Security Administrator
SSO	System Security Officer
SSSG	Systems Security Steering Group
STD	STandarD
STOP	Scomp Trusted OPerating system
STS	Subcommittee on Telecommunications Security (of NTISSC)
ST&E	Security Test and Evaluation
SVPCTX	SaVe Processor ConTeXt instruction
SWIFT	Society for Worldwide Interbank Financial Telecommunications

T

TAC	Terminal Access Controller
TAS	Terminal Access System
TCB	Trusted Computing Base
TCP	Transmission Control Protocol
TCP	Trusted Communication Path
TCSEC	DoD Trusted Computer System Evaluation Criteria, "Orange Book"
TDI	Trusted DBMS Interpretations
TELETRUST	TELEmatic TRUSTworthy Transactions
TELNET	Network Virtual Terminal Protocol

TEMPEST	TEMporary Emission and Spurious Transmission	**TSEC**	Telecommunication SECurity
TFE	Trusted Front-End processor	**TSI**	Trusted Subsystem Interpretations
TIP	Terminal Interface Processor	**TTT**	Trustworthy Telematic Transactions
TIU	Trusted Interface Unit	**T.H.**	Trojan Horse
TIU	Trusted network Interface Unit	**T/AISS**	Telecommunications and Automated Information Systems Security
TLAN	Trusted Local Area Network		
TLS	Top Level Specification		
TMACH	Trusted MACH		
TNB	Trusted Network Base		
TNCB	Trusted Network Component Base		
TNI	Trusted Network Interpretation		
TOC/TOU	Time Of Check/Time Of Use		
TP	Transformation Procedure		

U

U	Uncleared
U	Unclassified
UACC	Universal ACCess
UAF	User Authorization File
UDI	Unconstrained Data Item
UETP	User Environment Test Package
UIC	User Identification Code
UIT	Union Internationale des Telecommunications
UPS	Uninterruptible Power Supply

TPP	Trusted Path Protocol
TRANSEC	TRANsmission SECurity
TRM	Tamper Resistant Module
TRUMMP	TRUsted Military Message Processor
TS	Top Secret
TS	Trusted Server
TSA	Temporary Secure Area

V

VAX	Virtual Address eXtension
VCA	diVisional seCurity Administrator
VCG	Verification Condition Generator
VDMA	Verband Deutscher Maschinen- und Anlagenbau
VMM	Virtual Machine Monitor
VMS	Virtual Memory System
VSA	Vendor Security Analyst

W

WAN	Wide Area Network
WNI	Weak Non-Interference
WS	WorkStation
WWMCCS	World-Wide Military Command and Control System

Z

ZVEI	ZentralVerband der Elektrotechnischen Industrie
1C	One Compartment
2. WiKG	Zweites Gesetz zur Bekämpfung der Wirtschaftskriminalität
3LS	Third Level Specification